3か月で結果が出る 18の営業ツール

すぐに使える書き込みシート付

中小企業診断士
東條 裕一 著

税務経理協会

はしがき

先日、中小企業診断士の新しい登録証が送られてきました。

中小企業診断士というのは、国が認めるコンサルタントの資格で、5年毎に更新があります。私にとって、今回が2回目の更新であり、コンサルタントとして丸10年仕事をしてきたことになります。

その間、たくさんの経営者とお話しをする機会がありました。大半は中小企業で、創意工夫された活動はどれもみな素晴らしく、多くの感動をいただきました。様々な分野に特化した存在であり、多様で、迅速で、柔軟な特徴を生かして活動する事業体、それが中小企業だと感じ続けた10年でした。

このように、中小企業の形態は一つとして同じものがないのですが、企業であれば必ず備えなければならない共通の機能があります。それは「販売」です。メーカーであれ、卸売業であれ、小売業であれ、サービス業であれ、自分たちの商品を販売することが出来なければ、売上を上げることができません。しかし、中小企業はこの販売機能がとても弱いのです。

特に、リーマンショック以降は、売上が急激に下がり、どうすればいいのかわからない、というご相談を多く受けるようになりました。「銀行や税理士さんからは、経費を削りなさいと言われ忠実に守ってきたが、それも限界に来た」というものです。リストラに関しては、「とりあえず出るお金を極限まで切り詰め、景気が持ち直すまでじっと待ちましょう」ということになりがちです。結局、止血手段にしかならず、根本的な改善には至らないのです。大切なのは、売上を高める手立てを打つこと、すなわち販売機能を高めることなのです。

「人も少ない、かけられるお金も少ないという制約条件の中で、どの企業でも実行でき、効果が上がる販売手法」、いつしかそれが私の仕事のテーマとなりました。今回、法人に対する営業方法で中小企業の方々と一緒に取り組んできた一つの結論を、10年という節目にまとめてみました。

この本を読まれた企業の皆様が、実際に売上をアップすることができれば、これほど嬉しいことはありません。一つでも多くの企業に試していただき、成果を出していただくことを期待しております。

平成25年6月

東條　裕一

目次

第1章 間違いだらけの法人営業！これでは絶対結果は出ない！

1 今の営業では会社がつぶれてしまいます！

私は、かつて従業員3、000人規模の損害保険会社で、営業を14年間していました。

営業組織はしっかりしており、営業マンは毎月の個人別予算に向けて時間を惜しまず、成績の達成に向けてガムシャラに働いていました。特別の努力でも何でもなく、組織の要求に従って自然にそれを果たそうとする使命感が定着していました。私の知っている大企業は、例外なく営業マンが自分の予算達成に向けて血眼になって動き回っていますし、それが会社全体の業績に大きく貢献しています。

現在私は、**大企業と中小企業の営業における組織体制や活動内容に、とてつもなく差があると感じています**。

というのも、私は、今、中小企業診断士、経営コンサルタントとして、比較的規模の小さな企業のご支援をしていますが、営業という機能自体がない会社、会社の売上目標はあるが営業マン個人の目標を設定していない会社があまりにも多いことに驚いています。製造業であろうと、流通業であろうと、自社の商品を誰かに買ってもらわなくては売上にならないわけですから、組織の中に部署はなくても、営業という機能はどの会社にもあるはずなのです。

また、会社全体の予算があっても、営業マン個人個人に予算が振り分けられていなければ、営業マンは何を目標に行動したらいいのかわからず、売上を上げるモチベーションも高まりません。結果として、売上に対する責任は経営陣がすべて負うことになってしまいます。

この差は、大企業と中小零細企業の規模の違いからくるものなのでしょうか?

いいえ、規模の大小からくるものではなくて、構造的な違いからくるものである、と私は考えます。

では、どうして、これほどまでに両者の営業に違いが出てきたのか、構造的な問題に関して私なりの考えを、これから述べさせていただきます。

(1) そもそも営業経験がない会社

① 親企業から仕事が回ってくるため、営業したことがない

まず言えるのは、「中小・零細企業は、営業という機能の必要性がもともとなかった」ということです。日本の製造業は下請分業体制で成り立っていると言われています。仕事を取ってきた親企業※が元受けとなって、一部の作業を信頼のおける中小企業に下請けに出すという構造です。

下請企業は薄利多売で経営が大変だという印象がありますが、一方では、親企業が自動的に仕事を

流してくれるために、自社の製品や技術を営業するといった苦労を経験してこなかった会社がとても多いのです。そのため、親企業から「工賃をもっと下げられないか」など価格面で叩かれたり、「技術を高めろと」厳しい要求を突きつけられたりしても、真面目に応えながら付き合っていれば、営業経費をかける必要なく、製造や加工に専念することができます。このような環境下では、営業活動が重要ではないため、数十人規模の会社でも、営業機能がないところが数多く存在するのです。

※　この場合の親企業とは、資本的な関係があるなしにかかわらず、下請企業に仕事を出してくれる、下請企業より規模が大きい企業を指します。

②　営業とは言いながら、御用聞きのみ

営業マンはいるけれども、営業とは名ばかりで御用聞きに留まっている場合もあります。卸売業や問屋などの流通業は、一旦流通経路に組み込まれてしまえば、安定的に仕事を流してもらえるようになります。仕事をもらう企業も、担当者の顔ぶれも固定してくるため、俗に言うルートセールスという形態での受注が可能になります。すると、「何かありませんかね～」などと言って仕事を取ってくる御用聞きの営業スタイルになりがちです。

もちろん、競合他社との受注争いがありますから、どこよりも自社が目立つことが最重要課題となります。上司から、

「何かあった時に、相手の担当者が、真っ先にお前の顔を思い出すよう印象づけておけ。それには

とにかく数多く訪問して、仲良くなっておくことが必要だ！」などと言われた営業マンも多いでしょう。したがって、接待やゴルフが自社を意識づける大きな武器と言われてきました。

しかし近年では、デフレの影響から、「たまには仕事を持ってこいよ」と逆に親企業から言われる始末。御用聞きの営業マンは、時代遅れの営業スタイルとなってしまいました。

(2) 個人のセンスだけで組織の力になっていない会社

① 優秀な営業マンはいるが、経験任せ、キャラ任せ

優秀な営業マンが社内にいて、実績を上げている企業も数多くあります。しかし、個人の資質、いわゆるセンスで数字を上げていることがほとんどで、他の営業マンがそのスタイルをまねできないケースが見られます。そもそも営業センスとは何なのか。いろいろな企業の経営者に聞いてみても十人十色の回答が返ってきます。

そして、営業マンの育成は、センスのある営業マンの背中を見て盗むこと、まねをして自分に取り入れることであると言う方もいらっしゃいます。それも一つの方法ですが、育ちも性格も違う人のまねを簡単にできるはずがありません。また、優秀な営業マンの数だけノウハウが存在するなど、まねする側にとってみれば何を取り入れていけばいいのか困ってしまいます。まして、めまぐるしく経営

環境が変化する時代に、悠長に人のまねをしていては、ノウハウの取得に時間がかかりすぎて競合企業に勝てるはずがありません。

「営業センスとは何か」、「自社の営業にはどのような能力が必要なのか」、これがはっきりと定義できなければ、優秀な営業マンのノウハウを他の人へ教えることができないため、個人の能力に留まってしまい、組織の力として活用することはできません。

② 社長のいつもの嘆きは、「優秀な人材の不足」

ある社長は、「優秀な人材が揃わないので、営業がうまくいかない」と言います。しかし、優秀の定義とは何でしょう？　その社長は、「営業センスがあり、お客さんの要望を先読みし、コミュニケーション能力があり、後輩の面倒見が良く、経営者の指示をきっちりと守り……」と言いました。

では、いったいこのような理想的な人材がどこにいるのでしょう？　日本に何人ぐらいいるでしょう？　数名ならともかく、**優秀な人材ばかりが揃っている企業など私は見たことがありませんし、そもそも存在しません。大多数の労働者の能力は平凡であって、自社だけに数少ない優秀な人材が集まることなどありえないと肝に銘じるべきです。**そして、平々凡々の人たちの集まりが企業の当たり前の姿だと考えることです。これは大企業でも中小企業でも同じです。その平々凡々な集合体を上手に活用して、高いパフォーマンスを挙げるのが組織であり、経営者の役割であると再認識してください。

③ 優秀な人材が辞めると大打撃

優秀な営業マンほど労働市場においての価値が高く、同業他社が欲しがる人材ですから、常に引き抜かれる危険性をはらんでいます。加えて、本人が自分の実力に自信があるので、在職中に自社の顧客と強いパイプをつくっておき、独立開業してしまうケースもあります。人に頼った営業から抜け出せていない会社にとっては大打撃です。

単にポイントゲッターの営業マンが抜けるだけでなく、自社を脅かす存在になり、さらには自社の大切なお客さんまで奪っていってしまった、もっとひどい場合では、同僚や後輩も引き連れて競合他社に移ったり独立したりしてしまったケースもありました。もうこうなると会社の営業は完全に機能停止です。

企業の存続が危ぶまれるこのようなリスクを回避するには、営業ノウハウや顧客管理を営業マン個人に負ったものではなく、組織の仕組みとして作り上げるしかないのです。

2 法人営業のすすめ

営業は、大きく分けて消費者に販売する営業と、法人など事業者に販売する営業があります。ここでは、事業のために商品や原材料を仕入れたり、設備等を購買したりする事業者に対して販売する営業を、法人営業と呼ぶことにします。個人事業主に販売する場合も含みますので、しっかりと留めておいて下さい。

図表　取引先法人が仕入れて販売するケース

(1) 法人営業には二つの形態がある

法人営業においても、大きく分けて二つの形態があります。この二つの形態の把握はとても大切なことですので、両者の違いを是非覚えておいてください。

① 取引先法人が仕入れて販売する

一つ目は、取引先法人に販売してその取引先法人がそのまま、あるいは加工して再販売する形態です。部品を仕入れて製品をつくるメーカー、商品を仕入れて販売する卸売事業者、小売事業者などがあります。仕入れ価格が販売価格に影響を与えるため、取引先は自社の提示する価格にシビアです。また、再販売する際の売りやすさ（他の商品と差別化できるポイント）などが重視されます。近頃は取引先が在庫リスクを負いたくないと考え、短納期、小口配送などが特に求められるようになりました。詳しくは、「3　法人営業の特徴をつかむ」でご説明いたします。

図表　取引先法人が消費するケース

② 取引先法人が消費する

もう一つは、自社が販売した商品をその取引先法人で消費する形態です。自社で販売した機械や事務機器、文房具などを使用したり消費したりする場合がその例です。購買価格がコストや資金管理に直結するため、この場合も自社の提示する価格にはシビアです。加えて作業性の良さによる仕事の効率化や、人件費コストの低減などが求められるポイントになっています。

(2) 消費者に販売している事業者も検討したい法人営業

現在、消費者に商品を販売することが主である、いわゆるB２Cのみを行っている企業も多いと思います。そのような企業に提案したいのが、「法人に販売することを検討してみては？」ということです。理由として、①法人は探しやすい、②法人は既にお客様を持っている、③中間マージンはコストとして割り切ることができる、という三つの点があるからです。

① 法人は探しやすい

自社の商品を求めている消費者は、「私はその商品が欲しいです」と登り旗を立ててくれているわけではありません。欲しいと思っている人といない人を外見で見分けるのはほぼ不可能です。大々的に広告を出すとか、インターネットのＳＥＯ対策にお金をかけて、ホームページから集客するとか、あるいは街頭でティッシュを配るとか…。労力もかかるし、消費者側からのコンタクトを待つことが多くなってしまいます。

一方、法人は自らの存在を積極的に公開しています。どんな事業をしているか、どんな商品を売っているかを、ホームページなどからすぐ調べられます（探す具体的な方法は第3章で記述します）。欲しがっていそうな事業者がわかれば、こちらから訪問して自社の商品を勧めることができるので、待ちの営業ではなく攻めの営業ができることとなります。

② 法人は既にお客様を持っている

最終的に消費者に売る場合でも、法人を通して流通させる方が有効な場合があります。前述のように消費者を一人ひとり見つけて、自社の商品やサービスを説明し販売していくのはとても大変なことです。損益分岐点を上回る売上高を達成するためには、何人に売らなければならないかを考えてみてください。まして、初めてコンタクトする消費者ばかりであれば、目標売上高を達成するためには数多くの人に会って、商品やサービスを説明しなければなりません。商品にもよりますが、少なくとも販売したい人数の5～10倍以上の接触をする必要があるでしょう。一方で、自社の商品やサービスを欲している消費者を既に顧客に持つ法人を見つけ、そこに販売してもらうことができればとても効果的です。

一つ例を紹介しましょう。日本刀のレプリカや日本人形は、旅行のお土産として外国人に人気があります。近頃それらの商品を、秋葉原の電気街などで販売している光景をよく見かけます。そうです。秋葉原の電気街は、外国人に有名な観光スポットの一つですから、日本刀のレプリカや日本人形を欲しがっている消費者を、集客している場所でもあるわけです。それらの商品のメーカーがそこに商品を卸すことができれば、電気店も販売機会の増加が期待できるし、卸したメーカーも売上を伸ばすことができます。もし、メーカーだけで外国人に売ろうと思ったら、ふさわしい場所に店舗を構えなければなりませんし、その店舗を維持するだけの販売数量を確保しなければなりません。

図表　ターゲットとする一般消費者に直販するケース

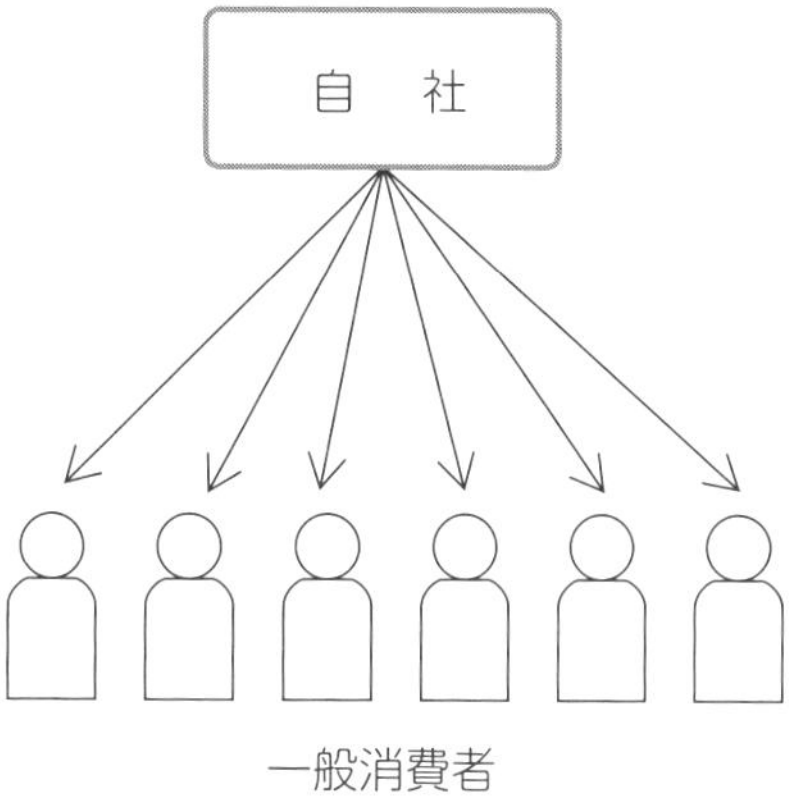

図表　その消費者を既に持っている法人に販売するケース

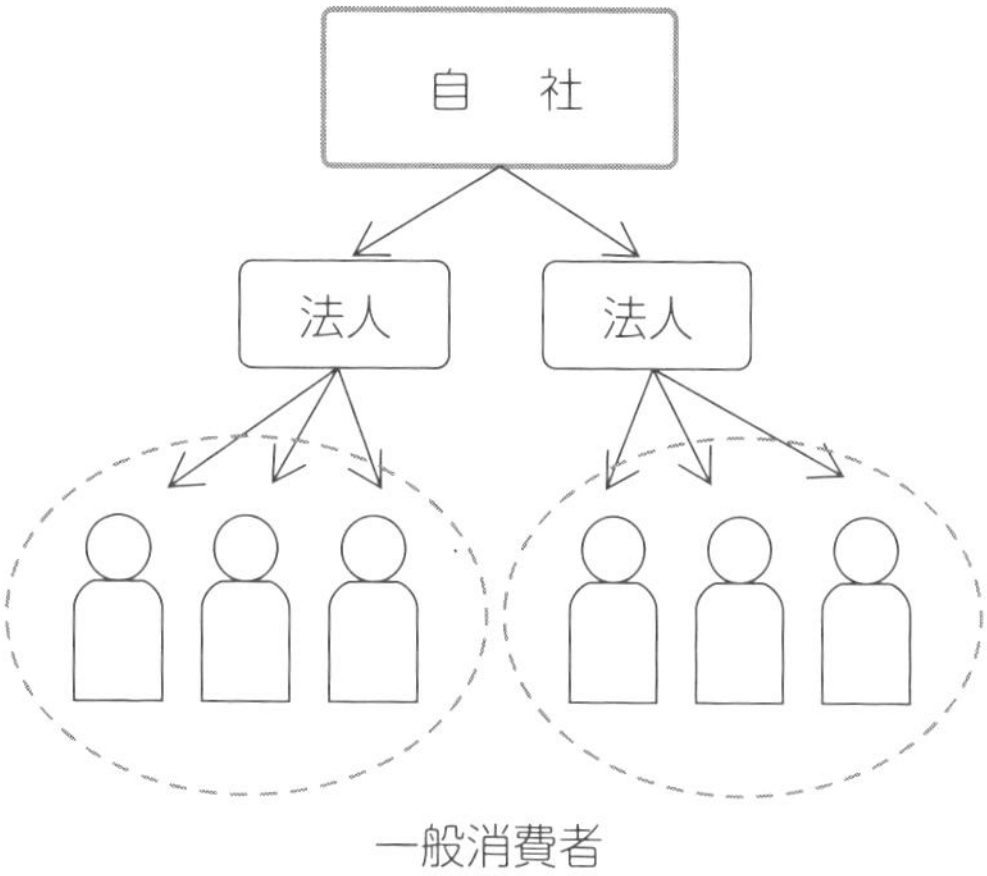

③ 中間マージンは営業コストと割り切ることができる

直接消費者に販売せず法人を経由する形態は、当然粗利が少なくなってしまうというデメリットがあります。中間のマージンが、卸した法人に落ちるからです。しかし、消費者に直接販売する場合と法人を介して販売する場合は、営業コストが大きく異なります。特に、経営資源の限られた中小企業は、営業マンの数も少なく行動できる範囲にも限界があり、法人を介しての販売は、限られた経営資源を補完してくれます。粗利が減ってしまう分は、取引先法人が広範囲の消費者に販売してくれるコストと割り切ればいいのです。

この場合にとても大切なことは、「弊社の商品を是非扱っていただけませんか」というお願いの立場で提案するのではなく、**「弊社の商品を扱うことで儲かりますよ」という利益機会を提案する、イコールパートナーの立場になることです。**「あそこと付き合っているとメリットがある」と、相手に思わせることが重要なのです。それを可能にするのが**本書のテーマである科学的営業戦略です。**

3 法人営業の特徴をつかむ

法人は、一般消費者と同じ動機でモノを買うとは限りません。ここでは、法人が商品やサービスを購買する時の特徴を見ていきましょう。

(1) 法人はその場の気分で買わない

一般消費者が買い物をする場合には、「かわいい」とか「雰囲気がいい」とか「勢いでなんとなく」などの感覚的な理由で購買することが少なくありません。商品そのものの機能はもちろん大切ですが、デザインやパッケージ、ネーミングなどに対して「好き」か「嫌い」かが、大きな判断材料となります。しかし、**法人は、衝動買いをほとんど行いません。法人は、経済合理性に基づき、支払うコストに対して「損」か「得」か、自社にとって「良いもの」か「悪いもの」か、論理的な思考で判断していきます。**よって、理路整然と自社の商品やサービスが良いことを伝えれば、購買してくれるチャンスは十分にあると言えます。

これから、法人が購買する四つのポイントを解説します。

① 儲かる金額×売れる確率
② QCDSの大切さ
③ 実績重視
④ 事務処理の継続性

① 儲かる金額×売れる確率

取引先法人が仕入れの判断基準とするのは、「販売したらどれくらい儲かりそうか」ということと「どれくらい売れそうか」ということです。とても売れそうな人気商品でも、1個当たりの利益が5銭の場合には、仕入れるモチベーションが高まらないはずです。また、1個当たりの利益が1,000万円と大きくても、売るのが難しく、手間がかかり、滅多に売れないようなものであれば、やはり仕入れる動機は起こらないでしょう。

したがって、**自社は、「儲かる金額」×「売れる確率」の値が高くなるという期待を、取引先法人に持たせなくてはならないのです。**

「儲かりますよ」という提案は当たり前のようになされていますが、「こんなに売りやすいですよ」という提案を行っている企業は非常に少ないと考えます。たとえ利幅が少ない商品でも、「こんな売り方をすればいかがですか」と販売手法を提案して、売れる可能性の期待が高まれば採用される商機は十分あるのです。

ポイント

取引先に自社の商品やサービスを扱ってもらうためには、「こんなに儲かります」ということだけでなく、「こんなに売りやすいです」ということを理解してもらわなければなりません。あなたの扱う商品やサービスは、取引先にとって〝売りやすい〟工夫がなされているでしょうか？

② QCDSの大切さ

(ア) Q・品質とC・価格

Qは品質、Cはコストすなわち価格、Dは納期、Sはサービスの略です。品質は高く、価格は安くを取引先法人は求めてきます。しかし、これらをすべて提供することはほぼ不可能です。高品質に越したことはありませんが、品質を高めるとどうしても価格が高価になってしまいます。大切なのは相手の要求品質を見極め、価格とのバランスを取ることです。自分の商品にはどうしても思い入れが強くなるため、より素晴らしいものに仕上げようとしますが、職人気質で過度に高い品質を求める姿勢は、プロダクトアウト志向、すなわちこちら側の自己満足になりがちです。大切なのはバランスです。

(イ) D・納期

納期は近年とても重要視されています。価格が高くても納期が早いことで、取引を獲得できる企業はたくさんあります。逆に、価格が安くても納期を守れないと、取引を打ち切られてしまいかねません。特に、小売業は、売り逃しをとても嫌う一方で、在庫をあまり持ちたくないという意識が強いため、短納期への要求はとても高いものです。例えば、衣料品を扱う大手の専門店などは、シーズンごとにいつから商品を入れ替えるかという計画がキッチリとつくられています。もし自社の商品が間に合わなければ、陳列に穴を開けてしまうことになり、販売機会を逃すだけでなく売場全体のイメージを損ねてしまいます。しかし、ギリギリまで納品はされたくないし、在庫も最低限におさえようと、短納期で多額度小口の納品を求めます。

また、ある建築資材卸の会社では、同業者と比べて決して安い値段ではないにもかかわらず、時間通りに施工現場に資材を届けることで取引先から好評を得ています。約束の納期に間に合わないのは論外ですが、都内の工事においては、資材が早く到着しすぎても十分なスペースがなく、置き場に困ってしまうことがあるそうです。この時間どおり納品のニーズにしっかりと対応することによって、工務店から絶えず引き合いが来ています。

(ウ)　S・サービス

「サービス」という言葉はやや概念的ですが、ここでは相手が困った時に対応してあげられる柔軟性を指します。ある食品卸の会社は、自社で扱っていない商品を取引先からすぐに欲しいと頼まれた場合には、近くのスーパーで買って納品することがあるそうです。儲けにはなりませんが、「あそこに頼めば何でも揃う」という信頼を勝ち得て、長期安定的な関係を構築しています。

また、情報提供というサービスもあります。小売店が集められるデータは、自店のものだけです。一方で、自社がたくさんの小売店と取引していれば、様々な情報が自然と集まってきます。そのような他社情報を取引先に提供することができれば、とても喜ばれるサービスとなります（もちろん、他社の情報漏洩になるようなものはＮＧです）。

ポイント

取引先は、どのような情報を欲しがるのでしょう。「エンドユーザーなどの市場情報」、「競合他社を含めた業界情報」などですが、意外に喜ばれるのは「出先営業店に関する情報や、従業員に関する情報」です。本社の人たちは、こちらが思うほど自分の営業店の行動や、困りごと、要望を知っているわけではありません。よって、私たちが取引先営業店に行った際に、得られた情報を本社にフィードバックすることも、取引先に対する大きなサービスとなります。

③ 実績重視

企業が初めての事業者と取引する場合は、その事業者の業歴や実績、商品やサービスの納入実績などをとても気にします。購買担当者は、粗悪な商品を納入してくるところや対応力がないところ、商品を安定的に供給できないところと取引を始めてしまうと、社内から「なぜあんな会社と取引を始めたんだ！　事前によく調べなかったのか！」と責められて、責任を取らなければなりません。多少の価格や機能の差なら、名の知れているところ、既に取引しているところから商品を調達しようと考えます。よって、自社が比較的名が知れているとか、創業○○年と業歴が長いなら、それを積極的にアピールすることはとても有効です。さらに、上場企業や有名な企業に納入実績があれば、それを示すことも効果があります。マスコミなどに取り上げられたことがあれば、スクラップ記事のコピーを準備するべきですし、テレビ等の映像があるならＤＶＤに焼いて相手に提供しましょう。

一方で、困るのは、自社の歴史が浅く、名前があまり知られていない場合です。残念ながら、実績がないと取引のハードルはとても高く、少しでも下げるために何らかの工夫が必要です。例えば、外部の信頼できる機関や人材から、自社の商品の良さを証明してもらうことです。「〇〇大学の共同研究で開発されたもの」、「医学博士の××氏がその機能を証明」、「都（県）からの経営革新計画の認定事業」などです。これらの証明も取れない場合は、モニターや利用者の声を使うことも考えましょう。「モニター〇〇人に利用してもらったところ、こんなご意見をいただきました」、「世田谷区に住む専業主婦のＡさんが利用した感想は以下のようなものです」などです。自社の商品を知ってもらうには、取引したい法人にモニターになっていただくことも有効です。

ポイント

一朝一夕では絶対得られない実績、それは社歴です。ここに気づかない経営者の方は意外に多く、とても残念に思います。例えば、創業１００年を超える企業は、誠実に商売してきたからこそ１００年以上お客様から愛され地元から愛され、今日に至ったのです。これはとてつもなく大きな信用です。もし、当時の写真などが残っていれば、会社案内やホームページにしっかりと掲載したいものです。

また、工場や倉庫があることも相手から信頼を勝ち得る要素となります。マンションの一室で活動している事業者とは違い、リスクを負って投資し、真剣に商売に向き合う姿勢が見られるからです。ホームページなどで自社工場の前で従業員全員が写っている画像がありますが、とても効果のあるアピール方法です。

横並び意識の強い業界は同業他社の取り組みを非常に気にします。その業界に既に実績があるのなら、同業の他の企業にアプローチしていきましょう。

④ 事務処理の継続性

自社の商品やサービスにメリットがあるのに、事務処理の変更を嫌う人たちから反対を受けたため、採用までこぎつけなかったというケースがあります。「今まではすべての商品を○○社に依頼すれば良かったものを、一部の商品だけ別の会社に注文することが面倒」、「支払期日が異なる」、「電話で済んでいたものがオンラインで発注しなければならない」など、長期的に見てプラスであっても、手続きが変わること自体が嫌だという理由です。慣れ親しんだやり方を続けたい、作業の手間が一時的でも増えるのがいやという現場の意見は、こちらが想像している以上に強い影響を及ぼします。

一方で、自社が相手にすべて合わせられれば問題ありませんが、よっぽど大口の取引でない限りは、オーダーメイドやカスタマイズは避け、できるだけこちらの仕組みに合わせてもらいたいものです。

こうした時に対処するポイントは二つあります。一つ目は、変更が生じることによって短期的には戸惑いが生じても、長期的にはメリットであることを繰り返し伝えることです。現場や会社全体がどのように変わるかをイメージさせることが肝心です。反対している部署に直接話す機会が持てるなら、フェイストゥフェイスの説得に出向きましょう。二つ目は、変更点を明らかにして新しい事務処理フローを提案することです。現場は、変わること自体が不安であり、どこがどのように変わるのか、どのような手間が増えるのかを明確に把握していないものです。変更箇所や新しい事務処理フローを明らかにすることで、ほとんどの不安が払拭されます。相手の事務処理の内情がわかっていない時には、ヒアリングをして、反対している部署と一緒に、新しいフローをつくることも有効です。こうした地道な取り組みは、事前に不安を解消するだけでなく、課題解決に協業することで連帯感やコミュニケーションが生まれ、信頼できるパートナーとして認識してもらえます。

(2) 法人では様々な立場の人が口を出す

法人は消費者の場合と異なり、一つの購買決定に多くの人たちが関与します。それぞれの立場で判断基準があるため、窓口の人が納得してくれても、他の人の了承が得られるとは限りません。この場合も重要なポイントは二つです。一つ目は、自社との取引に対して関与する部署や人物を知ること、二つ目は、それらの部署や人物の立場を調べて、判断基準を把握することです。

① 購入・採用に関わる人と判断基準

購入・採用に関わるのは、主に次の人たちです。

・購入・採用責任者
・利用者
・影響者
・ゲートキーパー

「購入・採用責任者」とは、普段私たちが取引先に出入りしたり、新しい取引を依頼したりする部署であり、資材などの仕入れを担当する購買部、販売する商品を仕入れる商品部、自社で使う機器や消耗品を購買する総務部などが該当します。彼らは、自らの職務として購買の役割を与えられ、社内基準に従って「買う、買わない」を意思決定する人たちの集まりです。この部署には、購買の窓口となるバイヤーなどの購買担当者、最終的に購買を判断する権限を持つ部長職などの責任者、すなわちキーマンがいます。「購入・採用責任者」の判断は、利用者や影響者の意見などを採り入れながら、全社的なバランスを考え総合的に行われます。この場合のバランスとは、社内の希望を平等に扱うことであって、例外的な購買には明確な理由が求められることになります。また、価格には非常にシビアであり、仕入れの失敗を恐れるために、社内規定や前例、納入業者の過去の取引実績などを重んじ

図表　購買決定の関与者

購買・採用責任者	購買の窓口となる人、決裁権限を持つ人
利用者（ユーザー）	製品やサービスを利用する人、売る人
影響者（インフルエンサー）	専門的な知識などを持ち、製品やサービスの購入の是非、業者の選定に影響力を持つ人
ゲートキーパー	購入・採用責任者、利用者、影響者と接点を持つ時の窓口となる人

る傾向もあります。

「利用者」は、商品やサービスを使う人たちです。原材料や生産設備などの場合は、生産現場の人たちが該当します。商品として仕入れる場合は、相手の営業マンや店舗の責任者、売場担当者などが該当します。彼らが考える採用の判断基準は、生産現場であれば、扱いやすいことや、人の手間が減り生産の効率性が得られること、不良品などの発生が抑えられることなどです。ここでもやはり原価低減の要請が高く、価格に対する見方は年々厳しくなっています。営業マンや店舗の責任者、担当者の判断基準は、売りやすいこと、他社と差別化しやすいことなどが挙げられます。

「影響者」とは、購買活動にも利用する現場にも直接携わることはありませんが、専門知識を持っており、商品やサービスの選定に大きな影響力を持つ人のことです。品質管理や安全管理、情報システムの部署などが該当します。彼らの考える判断基準は、商品やサービスの品質に問題はないか、法規制や社内基準をクリアしているか、従業員や顧客に危険なことは起こらないか、などです。情報システムや機器では、扱いやすさや拡張性、情報セキュリティなどの面から、情報シ

図表　それぞれの関与者のポジション

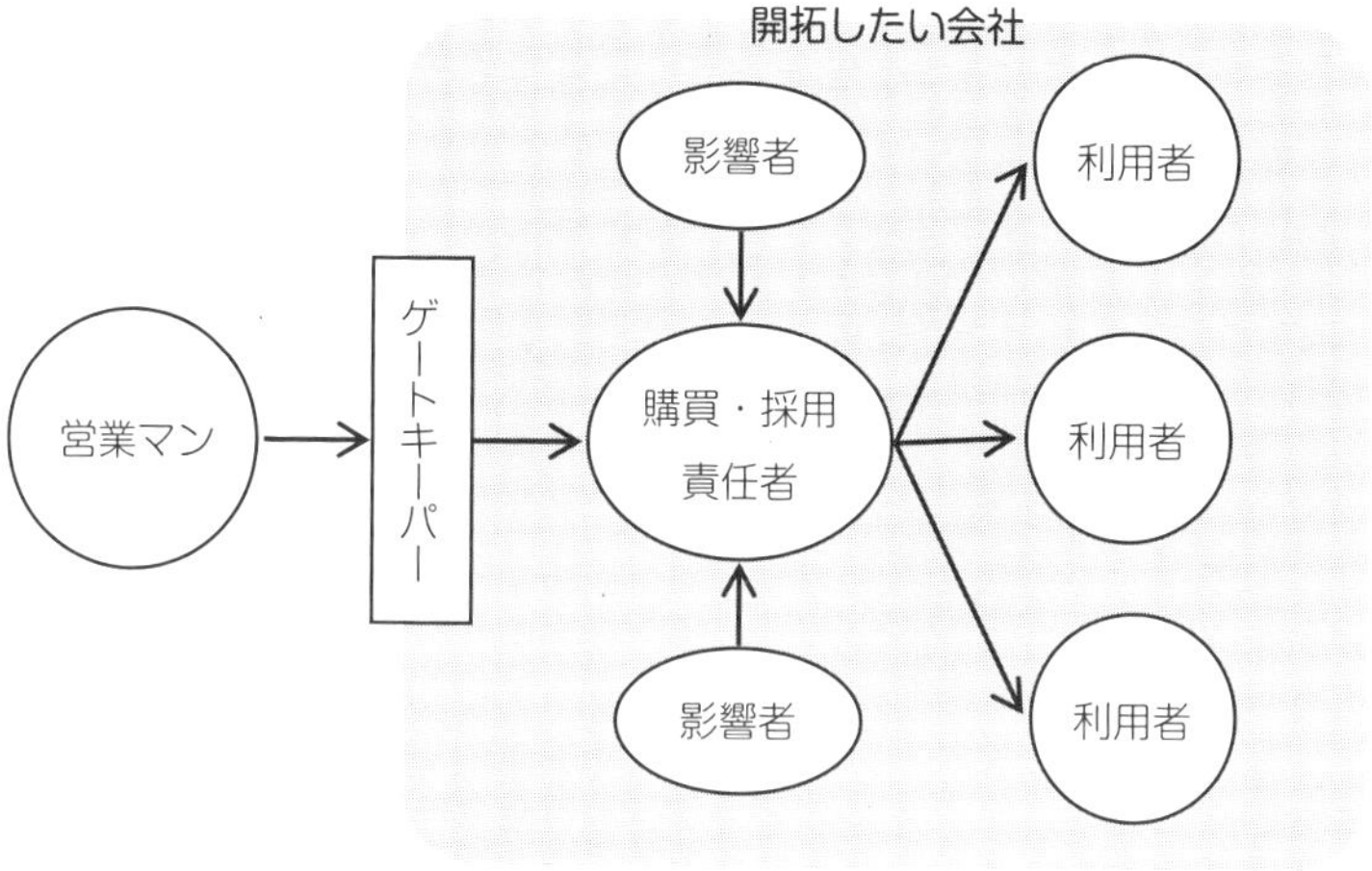

ステムの部署が助言することが考えられますし、商品であれば、製造物責任や有害物質含有量などの面から、品質管理や安全管理の部署が助言することが考えられます。

「ゲートキーパー」とは、会社の受付や電話窓口の人たちを指します。彼ら（彼女ら）は、初めてかかってくる電話やすぐに営業とわかるような電話、飛び込み営業などを、失礼のないように断るよう教育されています。彼らをクリアしないとその先の「購買・採用責任者」や「利用者」、「影響者」との接点を持つことができません。新しく取引を提案しようとする私たちにとっては、とてつもなく大きな壁になります。彼らの考える判断基準は、自分たちの会社にとって必要な話か不要な話かを見極め、電話を回すかやんわりと断るかを決めること、それにより上司から「何であなたのところで断らなかったんだ！」と怒られないようにすることです。

②　キーマンや影響者はいつも同じではない

なかなかキーマンに行き当たらない、キーマン自体が誰だかわからないという悩みをよく耳にします。一般的な「購買・採用担当者」、「利用者」、「影響者」、「ゲートキーパー」は、前記の通りですが、現実はケースによって役割や顔ぶれが変化するため、営業マンがキーマンを把握するのはとても難しいと言えます。例えば、購買する商品の金額が低い場合には、バイヤーなどの購買担当者が決裁権を持ってキーマンになることがあり、逆に購買金額が非常に大きく企業戦略を左右するような場合は、役員や社長がキーマンになることもあります。また、安全性を第一優先に考えて品質管理部署が首を縦に振らないと決済が下りないケースなどは、「影響者」である品質管理部署の社員がキーマンになる場合もあります。

では、どうすれば良いのか。これはヒアリングによって探るしかありません。コツとしては、相手企業の組織図を描いてみることです。どのような部署があるのか、それぞれがどのような役割を担っているのかをヒアリングの中から聞き出し、実際に組織図を書いてみましょう。ホームページを見たり、会社案内を見たり、玄関口にある案内板をメモしたりして概要をつかんでおき、購買担当者と話しながら必要な情報を取っていくことが有効です。

ポイント

現在の主要取引先の組織図が描けますか？　いつも会っている購買部や商品部のことはわかっても、他にどのような部署があり、自社の商品やサービスがどのように関わっているかを検討することは少ないのではないでしょうか？　営業マン1人あたり3社で構わないので、主要な取引先の組織図を書いてみてください。

第2章 営業を科学的に仕組み化する！

1 営業の仕組み化こそが売れない現状を打破する

(1) 精神主義から脱皮せよ

第1章では、日本の特に中小零細企業の営業が脆弱な理由を述べてきました。時代があるいは産業の構造が営業の機能を不要としていたわけですが、**今後、企業の中で最も重要な役割を担うのは営業部署であり営業マンです**。では、会社として営業をどのように強化していかなければならないのかを考えていきましょう。

① 現状を見直す

私も様々な営業マンから売込みを受けることがあります。一番多いパターンは、商品の説明を延々と続けられることです。少しでも自社商品の良さを知ってもらい、購買してもらおうとする気持ちはよくわかりますが、**自社の商品の自慢話だけでは絶対に売れません**。また、上司が「夜討ち朝駆けでお客さんを説得しろ！」、「売れるまで会社に帰ってくるな！」と部下を叱咤するなど、精神論が根強く残っている企業も多く存在します。強い目的意識やめげない気持ちの重要性はわかりますが、それだけで売れるような時代ではありません。もちろん、親企業や取引企業から注文が来るのを待っているような受け身の営業では、会社が倒産するのを待っているようなものです。

たぶん、ほとんどの営業の方は、「じゃあ何をすればいいのか？」とお困りでしょう。そうです、これからはそのように**「何をすべきか」を悩む時間をちゃんとつくらなければならないのです**。数字が上がらないと悩む前に、悩むことがあるのです。

② 行動ありき、精神論ありきだけでなく、考える習慣をつくる

これからは、闇雲にアタックしていても、お客さんは振り向いてはくれないでしょう。「頑張れば何とかなるはず」だけでは何ともなりませんし、どうにもなりません。まずは、今までのやり方を見直して、営業マン同士で「どのように頑張るのか」考える時間をつくることが重要です。その際には、相手にどのようなメリットを提供できるかを議論して、知識を営業マン同士で共有化しましょう。

「自社ではいつもそうしている！」という声が聞こえてきそうですが、本当にそうでしょうか？私の経験からは、相手のメリットを考えて行動しているようでいて、実は自分本位の身勝手な営業のままのところがほとんどです。また、提案する企業への理解が浅いためにメリットの訴求も浅くなり、

中途半端な営業となってしまうケースも非常に多いです。さらに、相手の立場に立ってメリットをアピールしている営業マンがいても、個人の知識やノウハウに留まっており、組織全体のノウハウになっていないこともあります。

では、これからの営業は、何をどのように考えれば良いのかを具体的にご紹介していきます。

(2) 仕組み化に向けた準備

第1章でおわかりのように、これからの企業は、営業マン個人の経験やセンスに頼っていては、持続的な成長は見込めません。誰もが一定のレベルで成果を上げる営業の仕組みをつくる必要があります。

営業の仕組みは経営者だけが考えるのではなく、営業マンさらには他の部門を含めたプロジェクトチームで考えることをお勧めします。理由は、それぞれが意見を出し合うことで、自社の気づいていなかった強みや特長、お客様から支持されている点が見えてくるからです。また、仕組みをつくる過程で目的意識が強化できたり、部門間をまたがる新しい強みを開発できたりすることもあります。

では、実際にやってみましょう。

話し合うための道具として、付箋を用意してください。話し合うメンバーの意見が出やすくなることや、張ったり剥がしたりして位置を動かしやすいこと、似たもの同士をグルーピングしやすいことなどの利点があるからです。大きさは縦横75㎜くらい、複数人が少し離れていてもはっきりと見えるよう、サインペンなどを使うと効果的です。準備ができたら、いよいよ営業の仕組み化の開始です。

2 センスや経験を「行動」に表して取引成立までのプロセスをつくる

(1) まずは今までの成功パターンを思い出し、棚卸ししてみる

最初に行うことは、今までの営業の成功パターンがどのようなものだったのかを思い出すことです。営業マンが初めて訪問して、いきなり契約が成立するということはほとんどないでしょう。必ずいくつかの営業ステップを踏んで、受注に至っているはずです。どんなプロセスで対話を進めた時に商談がうまくいったのか、理想的なパターンをできるだけ具体的に思い出し、話し合ってみましょう。企業によってそのパターンは様々であり、「アポ入れ」→「初回面談」→「デモンストレーション」→「見積り」→「契約」など比較的単純なプロセスで受注に至る場合もあるでしょう。もっと複雑で多段階になる場合もあるかもしれません。大切なのは、**営業マン各人の営業プロセスを共有化することです**。同じ商品を売っていれば、そのプロセスはおのずと似てくるはずですが、ちょっとした工夫で売れる営業マンと売れない営業マンの差がつくことがあります。その工夫が何かを明らかにすること

ができれば、自社の営業プロセスの理想的なパターンが見えてきます。

また、受注する上で大切な営業ステップや、最も困難なボトルネックとなっている営業ステップも見えてきます。例えば、デモンストレーションを行うと契約の確率が上がる場合には、デモンストレーションのステップを早めるなどの工夫が重要となってくるわけです。

こうして自社の黄金律を明確にしていきます。次頁の**【販路開拓プロセスチャート】**というたたき台を参考にして**提案書の提出から取引開始までのプロセス**を作り上げてみてください。ここでは、「自社（製品）の強みを列挙する」→「強みを求める相手を探す」→「（相手の）困りごとの解決策を考える」→「営業する企業を選定する」→「アポイントを取る」→「訪問し挨拶する」→「提案する」→「（相手の）本当の困りごとを聞き出す」→「再度提案する」→「サンプルを提供、デモンストレーションをする」→「取引の条件の細部を煮詰める」→「見積りを出す」→「取引を開始する」という営業ステップになっています。もし営業活動をしたことがないのであれば、いきなり**【販路開拓プロセスチャート】**をご覧いただき、自社流にアレンジしていただいても構いません。

この作業の過程で、**各営業マンの勘や経験、センスと呼ばれる漠然としたものが「営業ステップ」という目に見える行動に表される**ことになります。

ツール①取引に至るまでの行動がわかる【販路開拓プロセスチャート】

相手の心理	営業ステップ	ポイント	ツール
	GOAL 取引開始		
・条件を確認したい ・アフターやメンテを確認したい	見積りを出す		
	取引条件を煮詰める	・社内規則 ・納期、決済条件と合致するか確認	取引条件チェックシート
・自社に当てはまる？ ・現状と比較したい ・現状の取引先にも相談したい ・上席に相談したい	サンプル・デモ	・現場の意見収集 ・味方をつくる	サンプル・デモ承諾書 ヒアリグシート
	再度提案する	・現場レベルの課題 ・経営レベルの課題 ・組織、キーマン、予算、選定基準をとらえる	提案書
・弱みを教えて良いものか？	本当の困りごとを聞き出す		ヒアリングシート
・メリットあるの？	提案する	相手の立場に立って ・強みを理解させる ・メリットを理解させる ・仮説の検証をする	
・信用できる会社？	訪問し挨拶する	・興味を惹く（疑わしくない、面白そう、役に立ちそう）	パーソナルシート
・興味<疑い ・資料を見てもいいが会いたくない ・長電話したくない	アポイントを取る		ファックスDM AP獲得プロセス TAスクリプト
	営業する企業を選定する	・企業リストアップと優先順位づけ（受け入れてくれやすい企業、優位に戦える企業）	ターゲット選定 ターゲット評価シート
	提案書を作成する		仮説のカタマリ 提案書 ファックスDM
	困りごとの解決策を考える	・業界特有の課題・解決策の仮説を立てる	提案ロジック
	強みを求める相手を探す	・優位な場所を探す（業種業態、事業規模、商圏等）	売上高×粗利M 戦略ターゲット選定シート
	自社(製品)の強みを列挙 START	・差別化ポイント、武器を明確にする	売上高×粗利M 強み分析シート

相手の心理	営業ステップ	ポイント
興味よりも疑い 会いたくない 長話したくない	アポイントを取る	疑わしい会社じゃなさそう 面白そう 自社に役に立ちそう

（2）「行動」に対する目的を明確化し小さな成功を積み重ねられるようにする

プロセスが明らかになったら、それぞれの営業ステップが上位のステップに進むためのポイントを考えていきます。例えば、**【販路開拓プロセスチャート】**の「営業する企業を選定する」というステップでは、対象となりそうな企業をリストアップし「自社や自社の商品を受け入れてくれやすい企業」、「自社が優位に戦える企業」という点から優先順位をつけることがポイントとなるでしょう。

また、ターゲット企業に「アポイントを取る」以降のステップでは、取引先候補とやりとりが行われるようになるため、相手の心理を考慮に入れながら各ステップのポイントを考えることが大切になります。例えば上の図のように、ターゲット企業に「アポイントを取る」というステップでは、相手の担当者は「自社や自社の商品に対して興味よりも疑いの方が強い」、「資料を見てもいいが会いたくない」、「電話で長話をしたくない（電話でアポ取りをしている場合）」などの心理が働いていると考えられます。よって、このステップでは、「疑わしい会社じゃなさそう」、「面白そう」、「自社に役に立ちそう」と思わせ

実際に販路開拓プロセスチャートを作成しているところ

ることがポイントとなります。

このようにして、それぞれのステップにポイントを設け、クリアすることで上位のステップに登っていくことができれば、最終的には「取引開始」というゴールに到達できることになります。

(3) カギは新入社員でも実績が上がるやり方

ベテラン営業マンは、営業活動の「キモ」が理解できているために、中間のステップをショートカットしてしまう傾向があります。それはそれで悪いことではありませんが、ここでは標準的なプロセスをつくる気持ちで、端折らず丁寧につくることがポイントです。カギは、新入社員でも理解ができて実績が上がるやり方です。経験の少ない営業マンは、プロセス全体の流れを把握できないために、つまらないミスをして成約できなかったり、失注してしまったりすることがあります。よって、まずは**各ステップを丁寧につくり、受注までの全体のプロセスと個々のステップのポイントが誰が見てもわかるようにしてください。**やり方に慣れてくれば、運用の中でショートカットすることは一向にかまわないのです。

この作業を通して、営業マン各人の目に見えないセンスや経験というものを、営業ステップすなわち「行動」で表すことになり、組織内で共有化できるようになるのです。

次頁は、ある企業で実際に作成した「販路開拓プロセスチャート」です。ちょっと細かいかもしれませんが、参考にして下さい。

図表　ある企業で作成した販路開拓プロセスチャートの実例

お客様の心理	ステップ	目的・目標	ポイント	実行策	ツール
これからしっかりと対応してくれるかな？	取引開始	これから長い付き合いをしましょうという意思を共有化する	納入スケジュール、アフターなどを再度理解してもらい、安心できる会社と思わせる	取引契約を結ぶ 納入スケジュールを確認する アフターフォロー、メンテナンスを確認する	
自社と取引条件、決済条件は合うかな？	取引条件の確認	最後の最後で破談にならないようにトラブルを防ぐ	言った、言わないがないように	書面をもって、お互いの認識を再確認	
提案内容と価格は見合ったものかな？ 納入条件は守られているかな？	お見積書の提出	複数のパターンの見積りで選択肢を提供する落としどころを目論む	上、中、下を出す 一番契約したい内容を中に設定する	上、中、下3パターンの見積もりを提出する 違いを明確に説明する 迷っている場合、理由が何かをはっきりと聞く	見積書
自社の納入条件を教えていいのかな？	納入条件希望の確認	見積りを出すための詳しい条件を確認する	見積りに必要なことを聞き漏らさない	確認事項 ・使用頻度・発注頻度・発注ロット ・既存の在庫量 確認シートに従ってヒアリング	取引条件チェックシート
どんな配置になるのかな？ 何台くらい必要なのかな？	見取り図の提供	相手の納得感を引き出す もう後戻りできないという気持ちをもたせる	プロはさすがだと思わせる	見取り図を説明し、プロの目から見たアドバイスを提供する 台数の納得感を引き出すようにする	
評価に対してどのように対応してくるかな？	デモの評価の確認	素直に評価を受け入れ、改善するべき点は改善し成約への流れが途切れないようにする	真摯に受け止める 改善が可能なこと、不可能なことをはっきりと示す 採用に足りない点を明確化	ヒアリングシートに従って感想を聞く 何が良かったのか悪かったのか、採用に何が足りないのか、改善対応可能かどうかを相手に告げる	デモ評価ヒアリングシート
本当に自社に役立つかな？ 現状のものとどこが違うかな？	デモの実施	関連部署すべてに自社の製品を知ってもらう	利用部署の支持を得る	キーマン、関連部署を巻き込む 利用部署への取扱い方法、メリットの説明	
デモだけなら見てもいいな 他の人たちと相談したいな	次回デモの約束取り付け	実際のものを見てもらって取引の障壁を下げてもらうようにする	デモへの期待感を高める	デモの提供条件を確認する 書面で提供する約束をする 事例を挙げる	デモ承諾書
ほんとに出して大丈夫かな？ 悪用されないかな？	見取り図の入手	相手の内情を相手から出させることで成約の確率を高める	信頼感を持たせる 大切なものを預かりましたという行動を示す	具体的なプラン作成のためという目的をはっきりと示し、見取り図を得る。預かり書を渡し、次回に返却することを告げる	預かり書
自社の決裁ルートや予算などを知られたくないな	選定基準・予算・時期の確認	そもそも取引の可能性があるか、障壁になりそうなものは何かを把握する	立場の違いによる選定基準の違いを押さえる	キーマン、担当者、使用部署のニーズや立場、基準を聞く 予算、購買時期を聞く その他、必要事項を聞く	ヒアリングシート

本当に自社にマッチするものかな？ 上席に相談したいな	本提案書の提出	自社の製品がどれだけのメリットを提供できるかをはっきりとアピールする	「そう、そうなんだよね」と共感してもらえるような提案	前回の困りごとの聞き取りを生かした提案	本提案書
次回はもっといい提案をもってくるのかな	次回アポイントの約束	キーマン等がなるべく同席できるスケジュールを取り付ける	キーマンを巻き込む具体的日程のＦＩＸ	キーマン、関与者にも会えるように日程を調整する 宿題をもらい内容を確認する	
会社の事情を教えたくない購買の意思決定ルートを知られたくないな	キーマン・関連部署聞き取り	本提案が効率的に行えるように、キーマン等を巻き込む準備をする	なるべく多くの人を巻き込む組織の概要を把握	本提案に対してキーマンや関連部署に説明したい、提案書の必要部数を知りたいとして聞いてみる 「次回上司も連れてきます」と言う	ヒアリングシート
自社にあてはめられるかな？ 現状のものと比較したいな	お困りごとの聞き取り	より相手にマッチした本提案を行うために状況を把握する	聞く９割、質問する１割程度のつもり	現状の困りごとを聞く 既存製品の評価（QCD、サービス等）を聞く	ヒアリングシート
自社に関連があることなのかな？ 自社に使えそうかな？	仮説提案書の提出	自社の製品やサービスが役立ちそうだと気づいてもらう	自社の製品は何が違うのか、どのようなメリットを提供できるのか	提案書を説明する 概要を知ってもらい聞く準備をしてもらう 時間を意識しながら説明	仮説のカタマリ提案書
本当に信用できる会社・製品なのかな？	会社案内・製品案内	自社や製品を信頼してもらう 安心感をもってもらう	信頼感、安心感。特に実績が大切	会社を知ってもらう 製品を知ってもらう 実績を知ってもらう ＷＥＢを知ってもらう	会社案内 パンフレット
何の目的できたのかな? 信用できるのかな？	訪問、挨拶 目的の説明	好印象を持たせる 訪問の主旨を正確に伝える	どの部署につなげばいいかをイメージできるよう具体的に。相手の視点に立った表現で端的に	『弊社サービスを使い御社の事業にどのようなメリットを提供できるか仮説を立て、合わせてそのご感想をお聞きしたく本日参りました』	名刺 パーソナルシート
「興味」＜「疑い」。早く電話を切りたい。担当につなげたくない。良いものなら知りたいが会いたくない	アポ取り	担当者につないでもらう アポイントを取る	電話→FAX→電話の目的、役割を明確にする	FAX番号を聞く→FAX送付の了解を得る→FAXを送る→webに誘導→電話入れ→アポ獲得	ファックスDM アポイント獲得プロセス トークスクリプト
	具体的ターゲットリスト	業種業態の中で具体的企業名を列挙しリスト化する	評価基準を決めて、優先順位をつけて	業界団体、組合などから検討する 既存取引先から検討する 電話帳から検討する	ターゲット選定シート ターゲット評価シート
	仮説提案書の作成	相手の困りごとを聞き出すツールを考える	経営レベルの課題解決まで思考する	提案ロジックを使って、自社のサービスが現場レベルの改善、経営レベルの改善にどう結び付くのかを考える	提案ロジック 仮説のカタマリ提案書 ファックスDM
	標的業種・業態の選定	自社の強みを生かせる業種業態を探し出す	評価軸を明らかにして、リーチできるものを探す	ＫＪ法などを使って列挙する	売上高×粗利M 戦略ターゲット選定シート
	自社の強みの再定義	自社の強みを抽出する	１つでも多くの強みを考える	ＫＪ法などを使って列挙する	強み分析シート 売上高×粗利M

3 強みを使って相手の課題の解決策を練り上げる

営業ステップ	ポイント	ツール
困りごとの解決策を考える	・業種特有の課題・解決策の仮説を立てる	*提案ロジック*
↑ 強みを求める相手を探す	・優位な場所を探す（業種業態、事業規模、商圏等）	*売上高×粗利M戦略ターゲット選定シート*
↑ 自社（製品）の強みを列挙	・差別化ポイント、武器を確認する	*売上高×粗利M強み分析シート*

ここからは、販路開拓プロセスチャートに従って、下から順番に営業ステップを説明していきます。

(1) 自社の製品やサービスの強みを徹底的に絞り出す！

自社(製品)の強みを列挙

販路開拓プロセスチャートができあがったら、自社の商品やサービスの特長や強みを明確にし、それが相手企業にどのようなメリットを提供できるかを考え、提案書に落とし込む段階になります。

① 今一番売れている商品が自社の戦略商品とは限らない

まず確認したいのは、自社が売りたい商品・サービスと、相手に売るべき商品・サービス（ここでは戦略商品・サービスと呼びます）が同じか？ ということです。通常は、一番売れている看板商品・サービスをさらに販売したいと考えるでしょう。それはそれで間違いではないですが、戦略商品・サービスを定める時は、次のマトリックスに、自社の主要な商品やサービスをプロット（書き込み）し、分類することをお勧めします。

ツール②売るべき商品を見出す
【売上高×粗利率マトリックス－戦略商品・サービス検討用】

	売上が多い	売上が少ない
粗利率が高い	キャッシュマシーン	工夫商品
粗利率が低い	人気商品	廃盤検討商品・＋α商品

上の図を見てください。粗利率が低く売上が多い「人気商品」は価格競争で他社に勝っているものです。販売量が多い分だけコストを低減できるので価格勝負に打っていけます。一方で、さらに安い商品が出てくると、一気に売れなくなる脆弱さを秘めています。「キャッシュマシーン」は、売上が多く粗利率も高い商品であり、固有の特長や独自性を持っていて、買い手に受け入れられているものです。「工夫商品」は、粗利率は高いものの売上は低迷している商品であり、固有の特長や独自性を持っているが、まだ買い手に受け入れてもらっていないものです。「廃盤検討商品・＋α商品」とは、売上が少なく粗利率も低い商品であり、販売を続けていてもあまり意味がなく、撤退するか、他の商品を売るために〝おまけ〟として提供するかを考えるものです。

自社で一番売れている商品は、売上が多く粗利率が低い「人気商品」であることが多いはずです。一方で、戦略商品・サービスとして位置付けるべきなのは、「人気商品」ではなく、売上が多く粗利率が高い「キャッシュマシーン」と、売上が少なく粗利率が高い「工夫商品」に該当するものです。理由は、これらの商品・サービスは価格の安さではなく、固有の特長や独自性で売れていると考えられるからです。価格以外にメリットを感じて購入されている可能性が高いわけです。「キャッシュマシーン」はもちろんですが、「工夫商品」の独自性をしっかりと買い手に訴求できれば販売量が増え、自社に大きな利益をもたらす可能性があります。是非この二つから戦略商品・サービスを見出してみてください。

②　自社の商品やサービスの強みを絞り出す

推進するべき戦略商品・サービスを見出したら、次はその強みや優位性を考え、列挙していきます。強みを列挙する目的は、**これこそが営業の武器の源泉となり、差別化の要素となるからです**。思い入れで構わないので、社内で商品やサービスの自慢大会をしてみましょう。開発の背景、技術の優位性、品質の高さ、デザインやスタイルの良さなど、とにかく思いつくまま列挙してみてください。品揃えや在庫の豊富さなどの面から検討することも有効です。

自社の商品やサービスは、ごく普通でどこでも販売されているものであり、差別化できる点が見当たらないというご相談をよく受けますが、お客様はなぜ長年にわたり自社から購買してくれているの

〈体言止めをしない方がいい理由の具体例〉

コンパクトに収納	主語は「自社の商品は〜」だけでなく「エンドユーザーは〜」でもとれる表現となってしまい曖昧。
分解してコンパクトになる	主語は「自社の商品は〜」が適切な表現。独自力そのものを記述しているため､「収納しやすい」に限ることなく「持ち運びに便利」などにも発想が広がる。

か、今までどのような点で褒められたのか、などについて掘り下げてみてください。数人で意見を出し合えば、必ず自社の優位点が20〜30は出てきます。

ここでも付箋を使うと意見が出やすくなり、整理がしやすくなるので便利です。ポイントは、必ず「自社の商品は○○することができる」、「自社のサービスは○○である」と主語を意識することです。付箋に書き出す時には、わざわざ記述する必要はありませんが、「自社の商品は」、「自社のサービスは」という主語をつけておかしくない文章をつくってください。また、体言止めを使わない方が言葉の曖昧性がなくなります。

しかし、初めはなかなか考えが浮かばないと思われますので**【強み分析シート】**（45頁）を参考にして作成してください。

③ 商品以外のノウハウや対応力などの強みを絞り出す

次に、商品以外の強みを探っていきます。自社の組織体制や運営体制に関する強みです。短納期で提供できる、小ロットで提供できる、特急注文に対応できるなど、様々な点が出てくると思います。

第1章でも触れましたが、建築資材卸業者の時間指定配達サービスが、資材を置くスペースがない建築現場でとても喜ばれています。加えて、高所まで資材を届けるサービスをしており、作業中のお客様に大変重宝されています。

営業マンの対応力も大きな強みとなることがあります。阿吽《あうん》の呼吸で相手の困りごとを察する力があり、状況を見て適切な手配ができるような能力です。「そろそろ○○の在庫が切れるころではないですか？　御社の倉庫担当の方に確認して仮発注しておきましょうか？」と気づくことなどです。お客様からすれば、何も言わなくても気づいてくれるので、とても便利というわけです。その他、取引先のキャンペーンを考える企画力やノウハウがある、なども大きな強みとなります。

④ 唯一無二はありえない。強みの積み重ねで大きな差別化要因をつくれ！

現代はモノがあふれている時代です。よって、自社だけしかない商品、自社だけのサービスは滅多にありません。「他もやっているしなあ…」、「特筆すべきことは何もないね…」という意見はいつも聞かれます。ならば、**業界や競合他社の平均より少しでも上の事柄があれば、自社の強みとして列挙してみましょう**。商品の品質が平均よりちょっと上、リードタイムが平均よりちょっと短い、メンテナンスの対応力がちょっと上など、具体的に示してみてください。それら平均以上のものを積み重ねて加点してみると、大きな差別化要因となることもあるのです。

それでもなかなか出ないなら、これから強みをつくればいいのです。何年も努力しなければ強みとして獲得できないものは除外する必要がありますが、**ちょっと工夫すれば、ちょっと努力すれば、ほんの少し背伸びをすれば届くものであるなら、迷わず強みとして設定してみましょう。**もちろん、設定したからには、本当に強みとなるよう努力することを肝に銘じておいてください。

ツール③自社のセールスポイントを絞り出す【強み分析シート】

分類	強　み	自社に置き換えると
商品	品揃えの幅（バラエティ）	
	品揃えの深さ（専門性）	口径が0.1㎜～１ｍまでオーダーに応じられる
	製品の機能	作業者が力を入れずに使える設計である
	品質の高さ	焼き入れ技術で破損しにくい
	デザイン	
	大きさ	
	包装	
	廃棄のしやすさ	取換え時は自社で回収してあげる
	価　格	
	安全性	破損しにくいので安全である
	知的財産（特許、商標）	
	セット化	
接客	傾聴する	ＱＣサークルに参加し意見を聞く
	共感する	
	アドバイスする	他社の成功例失敗例を提供する
	情報を聞き出す	経営方針や計画をもとに課題を収集する
生産	特殊製法・特殊技術がある	特殊な焼き入れ技術で、固くかつ粘り強く加工できる
	小ロット対応	10個から受注生産する
	短納期対応（リードタイム）	当日受けて翌々日配送する
	中間加工	
	歩留まりがいい	
配送	多頻度小口配送	
	カテゴリー納品	自社で作らない部品も、提携卸から仕入れて一括納品できる
	期日指定・時間指定	提携運送業者により、指定時間配送ができる

分類	強　み	自社に置き換えると
経営サポート	品揃え・メニュー提案	
	在庫管理（回転率改善）支援	小ロット短納期で部品在庫を低減する
	商品の詳細（物語性）提案	
	受発注管理支援	
	新製品情報提供	新製品はリリース後すぐにファックスで情報提供する
	業界情報提供	○○通信という情報ペーパーを月１回発行して、収集した情報を提供している。
	競合先情報提供	他社の成功例失敗例を提供する
	作業効率向上の提案	
	売場提案	
	販売促進提案	
	人材教育提案	
	人材紹介	
	取引先紹介	取引先同士をマッチングさせている
	ビフォアサービス	作業条件を確認した後に製品を設計する
	アフターサービス	納入後１か月は追跡調査し不具合を確認する
	コスト低減提案	
その他	営業時間	土曜、祭日は休まず営業している
	調達先の優秀さ	部品一次卸が近くにあり、他の部品も即提供できる
	販路の優秀さ	
	ネームバリュー	
	社　歴	創業100年の歴史がある
	取引先・顧客の組織化	
	同業種・異業種のネットワーク	
	ＨＰ、ブログ、ツイッター活用	新製品、新技術をＷＥＢに即発信している

(2) 自社の強みを求めている市場をあぶり出す。有利に戦える場所を選べ！

強みを求める相手を探す

① 自社の得意な市場が一番売れている市場とは限らない

次の段階では、自社の戦略商品やサービスを提供する相手、「戦略ターゲット」を見出します。目的は、自社が優位に戦える市場を見つけることで、人、モノ、金を効率的に投入し、営業の成果を高めることです。ここでは、個別の取引先を見出すのではなく、業種や業態、規模、地域などでくくったターゲット群を検討します。**戦略ターゲットは、特定の企業を指すものではなく、「自社の優位性を求めている、同じ傾向のある複数の企業の集まり」**と認識しておいてください。

まず、自社は、どのような企業に求められているのかを知るために、戦略商品・サービスを設定する時に用いた、売上高×粗利率のマトリックスをもう一度使います。そこに、戦略商品やサービスを買ってくれている自社の代表的なお客様名をプロットしてみてください。通常、戦略ターゲットは、多くの売上高をもたらす企業から設定することが多いのですが、粗利益の面も考慮しなければいけません。

次の図を見てください。「維持取引先・教育取引先」とは、売上は多いものの粗利率が低い取引先です。利益の総額としては大きくなる場合が多く、しっかりと捕まえておきたい相手です。必要以上に手間がかかっているために利益率が上がらないケースでは、相手にやるべきことをやってもらう教

ツール④勝負すべき市場をあぶり出す
【売上高×粗利率マトリックス－戦略ターゲット検討用】

	売上が多い	売上が少ない
粗利率高い	超優良取引先	工夫取引先
粗利率低い	維持取引先 教育取引先	対応検討取引先

育も必要です。例えば、相手の事務を自社が無料でやってあげているような場合、きちんと相手にやってもらうよう指導し、トータルのコストを下げていく意識を持ってください（粗利益率には寄与しませんが営業利益率は向上します）。また、訪問回数を見直すことも有効です。

「超優良取引先」は、売上が多く粗利率も高い取引先であり、自社の戦略商品の特長や独自性を認めて選んでくれているところです。「工夫取引先」は、売上は少ないが粗利率は高い取引先であり、自社の戦略商品の特長や独自性は認めてくれているものの、まだまだ受け入れてくれていない相手と言えます。「対応検討取引先」は、売上が少なく粗利率も低い、今後取引を続けていくかどうかを検討する相手です。

このうち、戦略ターゲットの候補となるのが、売上が多く粗利率が高い「超優良取引先」と売

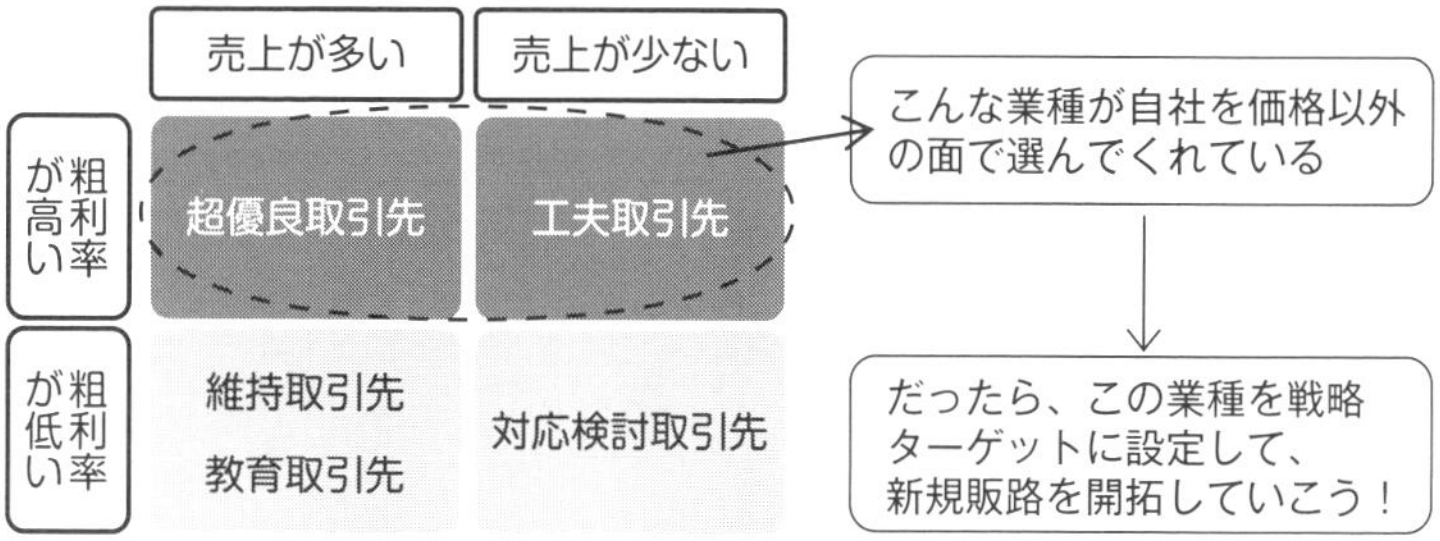

上が少なくて粗利率が高い「工夫取引先」です。この二つのセル（濃いグレーの部分）から言えることは、ここにプロットされたお客様は、価格の安さで自社と取引してくれているのではなく、その他の理由で自社を選んでくれている可能性が高いということです。

次に、この部分にプロットされたお客様の共通点を検討します。業種や業態でくくることはできないか、規模はどうか、立地ではどうか、その他の要素はないか、例えば短納期要求が非常に強いところばかりではないかなど、様々な角度で考えることがポイントです。そこから見出された共通点こそが、自社の戦略商品やサービスを価格以上の理由で選んでくれる戦略ターゲットの選定規準となるのです。

私の経験では、**戦略ターゲットは業種・業態のくくりで選定することが一番有効**と考えます。例えば、自社が食品卸である場合は、戦略ターゲットは「一般食料品小売」、「コンビニエンスストア」、「スーパーマーケット」、「GMS」、「百貨店」、「ドラッグストア」、「ホームセンター」などの業種・業態で区分するのです。

複数の候補が出てきたら、どこから攻めるかを決めければなりません。その際には、次の**【戦略ターゲット選定シート】**で攻める優先順

ツール⑤勝負すべき条件を見出す【戦略ターゲット選定シート】

戦略ターゲット候補（業種・業態）	評価項目					合計
	対象数の多さ	業界状況（収益性）	リーチの容易さ	リスクの少なさ	他とのシナジー	
百貨店	2	4	1	5	1	13
ホームセンター	5	3	4	3	4	19
家電量販店	3	3	2	3	1	12
GMS	1	3	1	3	1	9
生活用品・雑貨店	4	4	4	4	2	18

位をつけていくことが有効です。記述した評価項目は一例ですが、「対象数の多さ」、「業界状況（収益性）」、「リーチ（接点を持つこと）の容易さ」、「リスクの少なさ」、「他とのシナジー」の面から評点をつけています。この場合、合計得点が最も多かったホームセンターを戦略ターゲットに選定することが有効となります。これはあくまでも一例なので、自社が営業する上で重要と思われる評価項目を設定して検討しましょう。

② 自社の強みや独自力でメリットを提供したい相手は、売り先だけではない

ここまでは、自社の戦略商品・サービスの強みを明らかにし、提供する戦略ターゲットを明確化してきました。これからは、戦略商品・サービスによって戦略ターゲットにどのようなメリットを提供するかを考えるフェイズに入ります。

自社がメリットを提供する対象は、当然、戦略ターゲットとなりますが、もう少し掘り下げて考えると、エンドユーザーも対象となることがわかります。なぜなら、自社の商品やサービスの最終的なコスト負担はエンドユーザーですから、戦略ターゲットが彼らにメリットを提供できなければ、自社の商品やサービスは流通していきません。逆に、**戦略ターゲットが、自社の強みを使ってエンドユーザーにメリットを提供できれば、エンドユーザーから選ばれる存在となり、競争優位性を獲得できることになります。**これにより、自社は戦略ターゲットから選ばれる存在になれるのです。

皆さんの既存販売経路では、あるいはこれから新規開拓する販売経路では、戦略ターゲットの売り先が、上の図のようにエンドユーザーでない場合があるかもしれません。このような場合でも、戦略ターゲットとエンドユーザーのメリット両方を考えることが有効です。

図表　戦略ターゲットに選ばれるために、
その先のエンドユーザーのメリットを検討

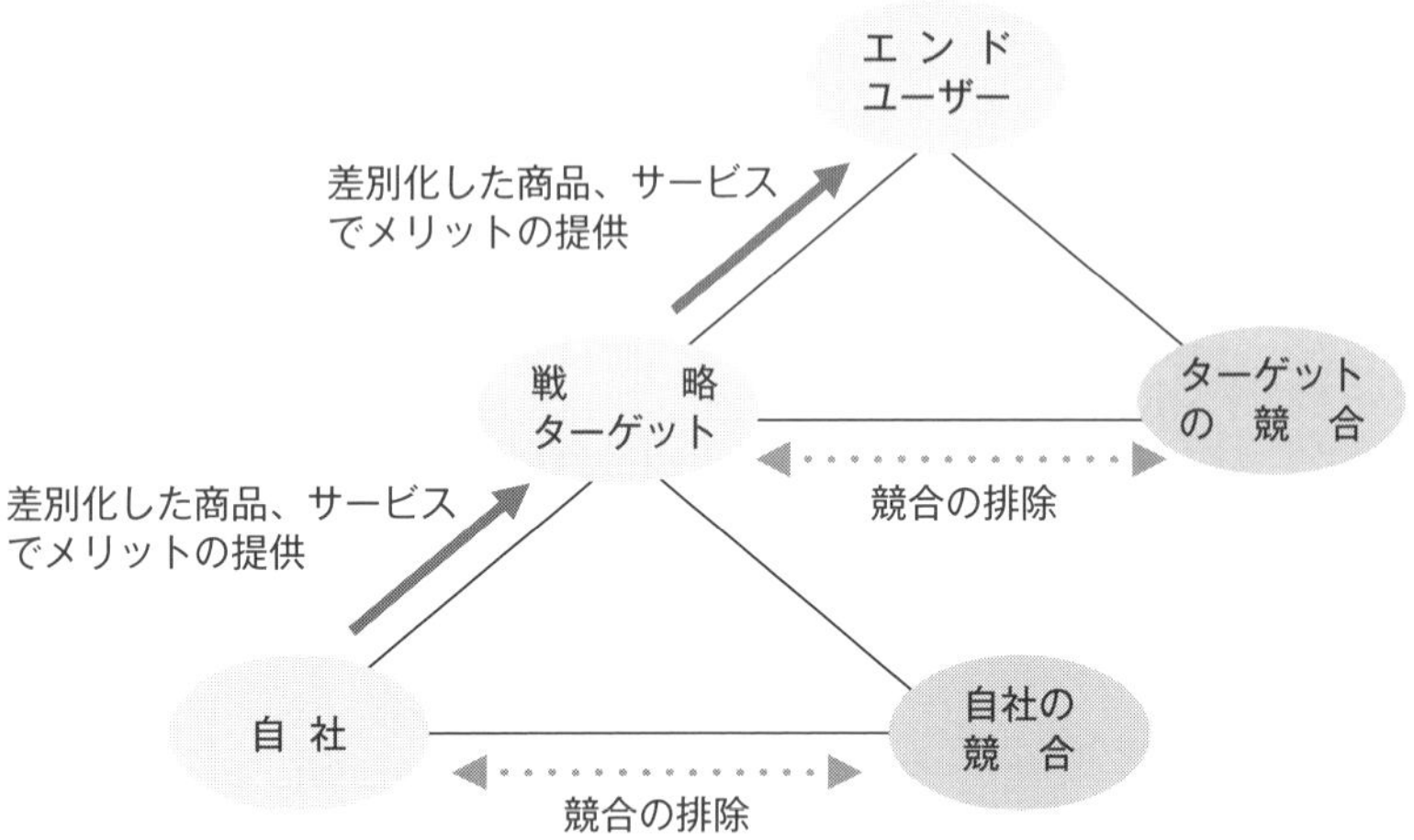

出所：工藤龍矢「勝てる！戦略営業術」PHPビジネス新書（2009）を加筆

困りごとの解決策を考える

(3) 戦略ターゲットのメリットやソリューションをとことん考え抜く!

① 自社の〝ウリ〟でどのようなメリットを提供するかをゼロベースで考える

次は、自社の商品・サービスの強みによって戦略ターゲットにメリットを提供し、経営課題を解決してあげる、というロジックを組んでいきます。その際に活用するのが**【提案ロジック】**というものです。単純なシートですが、相手の課題を起点として自社の製品やサービスをどう位置付けるかを検討するのに、とてもまとめやすいツールとなっています。

この**【提案ロジック】**をつくるに当たり、戦略ターゲットの業界情報を仕入れておくことが欠かせません。狙いをつけた業界がどのような課題を抱えているかを押さえておきましょう。下記に、業界情報を調べるためのWEBサイトを記述しておきます。

リサーチナビ　産業情報ガイド	http://rnavi.ndl.go.jp/business/post.php
keizai report.com	http://www 3.keizaireport.com
戦略情報検索サイト　i -HUB	http://www.i-hub.jp/

ツール⑥提案書をつくる設計図【提案ロジック】

自社商品・サービスの強み、独自力	エンドユーザーのメリット	戦略ターゲットのメリット	経営上のインパクト

例）付箋で貼り出された強み・独自力

- デザインがかわいい
- シリーズ化されている
- 色が10色から選べる
- 充電を行うことができる
- 分解してコンパクトになる
- 短納期で配送できる
- 急な注文にも応じられる
- 休日も対応できる
- 最小５個からの小ロット対応ができる

例えば、昨今のコンビニエンスストアは店舗が飽和状態であり、成長の余地はあまりないと考えられています。しかし、日本全体の年齢構成とコンビニエンスストアの来店客の年齢構成を比較すると、まだまだ高齢者を取り込めていないという課題があり、高齢者にやさしい商品構成や店舗をつくろうと努力しています。テレビＣＭを見ても、最近は、高齢者層を意識したものになってきています。自社の商品やサービスの強みや独自力が、高齢者から喜ばれ集客できるような特長があれば、コンビニエンスストアの課題を解決する手段となり得ることがわかります。

(a)　エンドユーザーへのメリットを考える

これまで自社の強みや独自力を列挙して付箋に書き出しました。

上の例は、分解してコンパクトに収納できる調理機材（ジューサーやミキサー）シリーズの商品の強みや

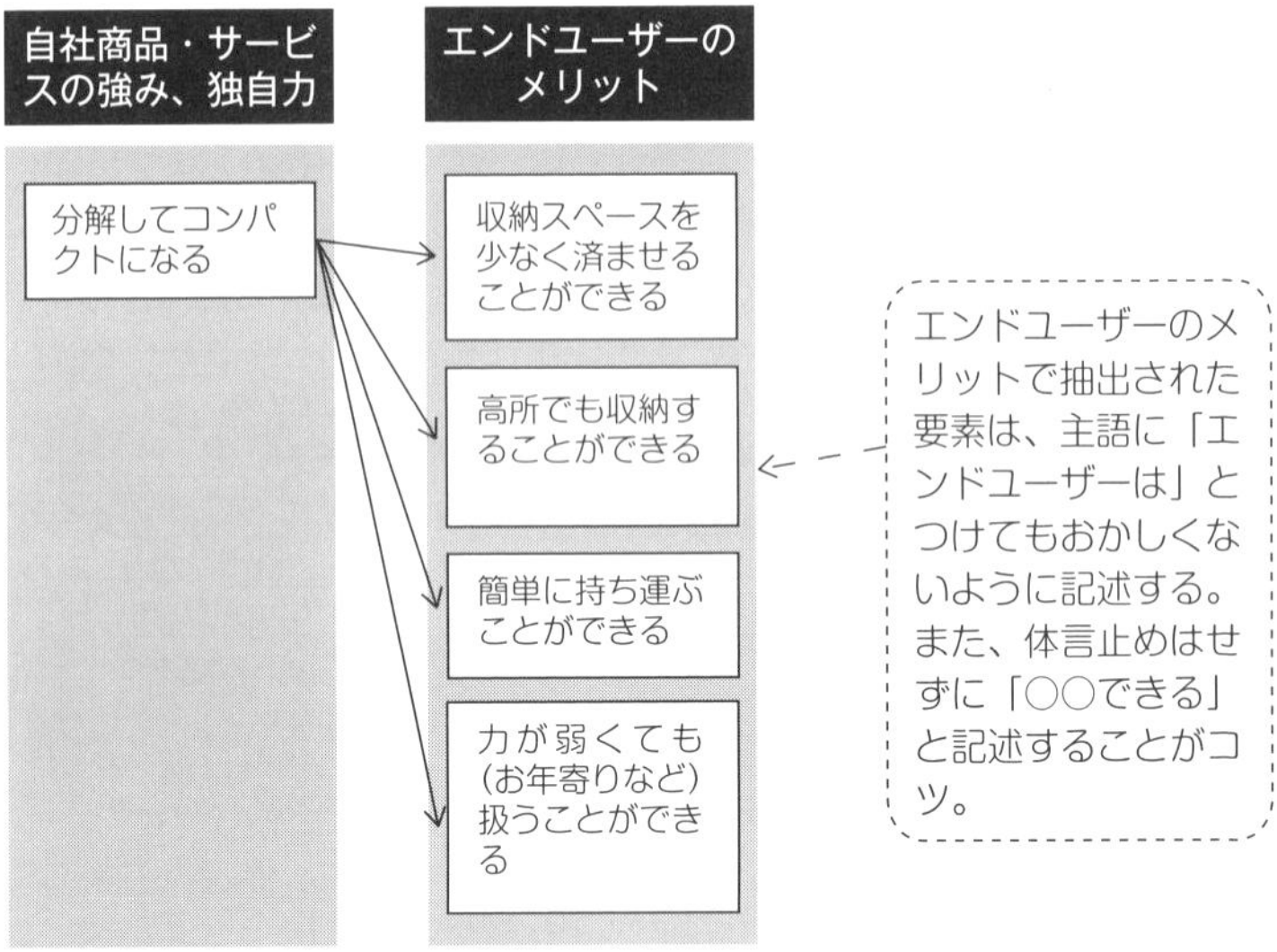
自社商品・サービスの強み、独自力
エンドユーザーのメリット
分解してコンパクトになる
収納スペースを少なく済ませることができる
高所でも収納することができる
簡単に持ち運ぶことができる
力が弱くても（お年寄りなど）扱うことができる
エンドユーザーのメリットで抽出された要素は、主語に「エンドユーザーは」とつけてもおかしくないように記述する。また、体言止めはせずに「○○できる」と記述することがコツ。

自社の対応力の強みを書き出した例です。あくまでも架空の商材ですのでご理解ください。

次は、それぞれの強みや独自力一つひとつについて、エンドユーザーに提供できるメリットを考えていきます。エンドユーザーが、戦略ターゲットから購買するシーン、自社の商品やサービスをエンドユーザーが使用するシーンを想像してみてください。そして、自社のウリでどんな満足を与えられるか、困りごとを解決できるのか、徹底的に考えてみましょう。ここでも、主語を意識することが、ポイントとなります。なるべく「エンドユーザーは○○できる」と主語をつけて考えてみてください。

すると上の図のように、一つの強みや独自力から、エンドユーザーが得られるたくさんのメリットが見出されます。

ここでは、「分解してコンパクトになる」という強みが、エンドユーザーにとって「収納スペースを少なく済ませることができる」、「高所でも収納することができる」、「簡単に持ち運ぶことができる」、「力が弱くても（お年寄りや子供でも）扱うことができる」というメリットにつながりました。この作業を、自社の強みで列挙した付箋の数だけ行って下さい。

(b) 戦略ターゲットのメリットを考える

エンドユーザーのメリットを一通り書き出したら、次は戦略ターゲットのメリットを考えていきます。その際は前述の通り、できるだけターゲット業種・業態の業界情報を仕入れておくことが必要です。市場規模は成長しているのか停滞気味なのか、業界の共通の困りごとや課題は何か、企業はどのような点で差別化しようとしているのか、などをできるだけキャッチしておきましょう。それらをふまえて、自社の商品やサービスの強みでメリットを提供することを考えるわけです。

ここでもなるべく「戦略ターゲットは○○できる」と主語をつけて考えてみてください。

続いて、エンドユーザーのメリットとの関係性を整理して紐づけしていきます。次の例では、エンドユーザーの「収納スペースを少なく済ませることができる」や「高所でも収納することができる」というメリットは、戦略ターゲットにとって「収納に問題を抱えたユーザーを取り込める商品を揃えることができる」というメリットにつながることがわかります。

また、「簡単に持ち運ぶことができる」、「力が弱くても（お年寄りや子供でも）取り扱うことができる」というエンドユーザーのメリットは、「アウトドア派のユーザーを取り込める商品を揃えることができる」、「高齢者を取り込める商品を揃えることができる」という戦略ターゲットのメリットにつなげることができます。さらに、「分解してコンパクトになる」という強みは、戦略ターゲットにとって「(陳列スペースが少なく済むため）陳列棚に関連購買される商品を一緒に置くことができる」、「倉庫の在庫スペースを少なくすることができる」、「運搬、配送作業が向上する」、「包装資材が少なくて済む」というメリットにつながるわけです。

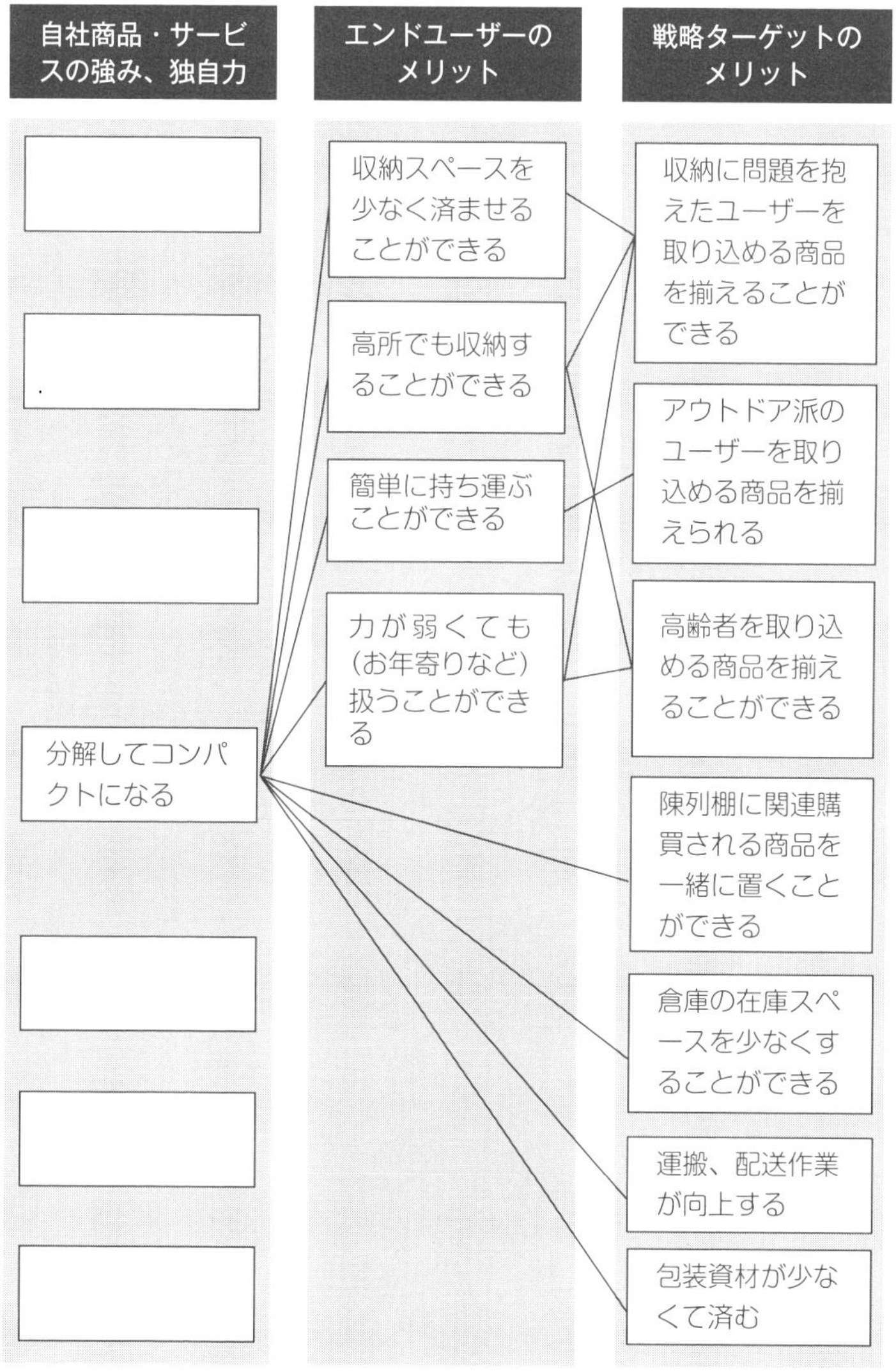
自社商品・サービスの強み、独自力
エンドユーザーのメリット
戦略ターゲットのメリット
分解してコンパクトになる
収納スペースを少なく済ませることができる
高所でも収納することができる
簡単に持ち運ぶことができる
力が弱くても(お年寄りなど)扱うことができる
収納に問題を抱えたユーザーを取り込める商品を揃えることができる
アウトドア派のユーザーを取り込める商品を揃えられる
高齢者を取り込める商品を揃えることができる
陳列棚に関連購買される商品を一緒に置くことができる
倉庫の在庫スペースを少なくすることができる
運搬、配送作業が向上する
包装資材が少なくて済む

(c) 戦略ターゲットの経営上のインパクトを考える

最後に、自社の商品・サービスの強みや独自力を生かして、エンドユーザーや戦略ターゲットにメリットを提供したことにより、戦略ターゲットの経営にどのようなインパクトをもたらすことができるのかを考えます。経営者の真の関心事や困りごとに、どれだけ応えられるかということですが、どの業界でも、どの規模でも基本は同じと言えます。列挙すると、次のように集約されていくはずです。

・売上高を高める
・コストを下げる
・既存ユーザーを囲い込む
・新規顧客を開拓する
・資金繰りを楽にすることができる
・従業員の能力を高める
・企業イメージを高める

自社でなく、戦略ターゲットの経営上のインパクトなので間違わないようにして下さい。

なお、業界を調べていて、企業の戦略上重要な項目であると思われるものは、右記の項目に加えてください。例えば、エンドユーザーに移動手段を提供するような業種（飛行機や鉄道、タクシー、バスなど）は「運行の安全性を高める」ことが大きな経営上のインパクトになります。

もし、「戦略ターゲットのメリット」を提供したと思っても「経営上のインパクト」に結びつかなければ、自社の商品やサービスは選ばれないでしょう。例えば、従業員の作業が楽になったけれども、売上が伸びず、コストも下がらず、従業員の能力も高まらなかったら、経営者はその商品やサービスを取り入れる動機が起こりません。よって、「自社の商品・サービスの強み・独自力」→「エンドユーザーのメリット」→「戦略ターゲットのメリット」というロジック（法則）が最終的に「経営上のインパクト」に結びつくことが重要なのです。

② 提案の設計図「提案ロジック」を完成させる

これで【提案ロジック】が完成します。次頁の例では、「色が10色から選べる」という強みが、エンドユーザーや戦略ターゲットにどのようなメリットを与え、結果として戦略ターゲットの経営上のインパクトにつながるかを示したものです。

「色が10色から選べる」ことにより、エンドユーザーは「キッチンを明るくできる」、「キッチンの雰囲気に合わせて、統一感を持たせることができる」、「インテリアとして置いておくことができ、収納しなくてよい」というメリットが得られます。それにより戦略ターゲットは、「キッチンの雰囲気に合わせた商品を揃えることができる」、「収納に問題を抱えたユーザーを取り込める商品を揃えることができる」というメリットが得られます。結果として戦略ターゲットは、「既存ユーザーを囲い込

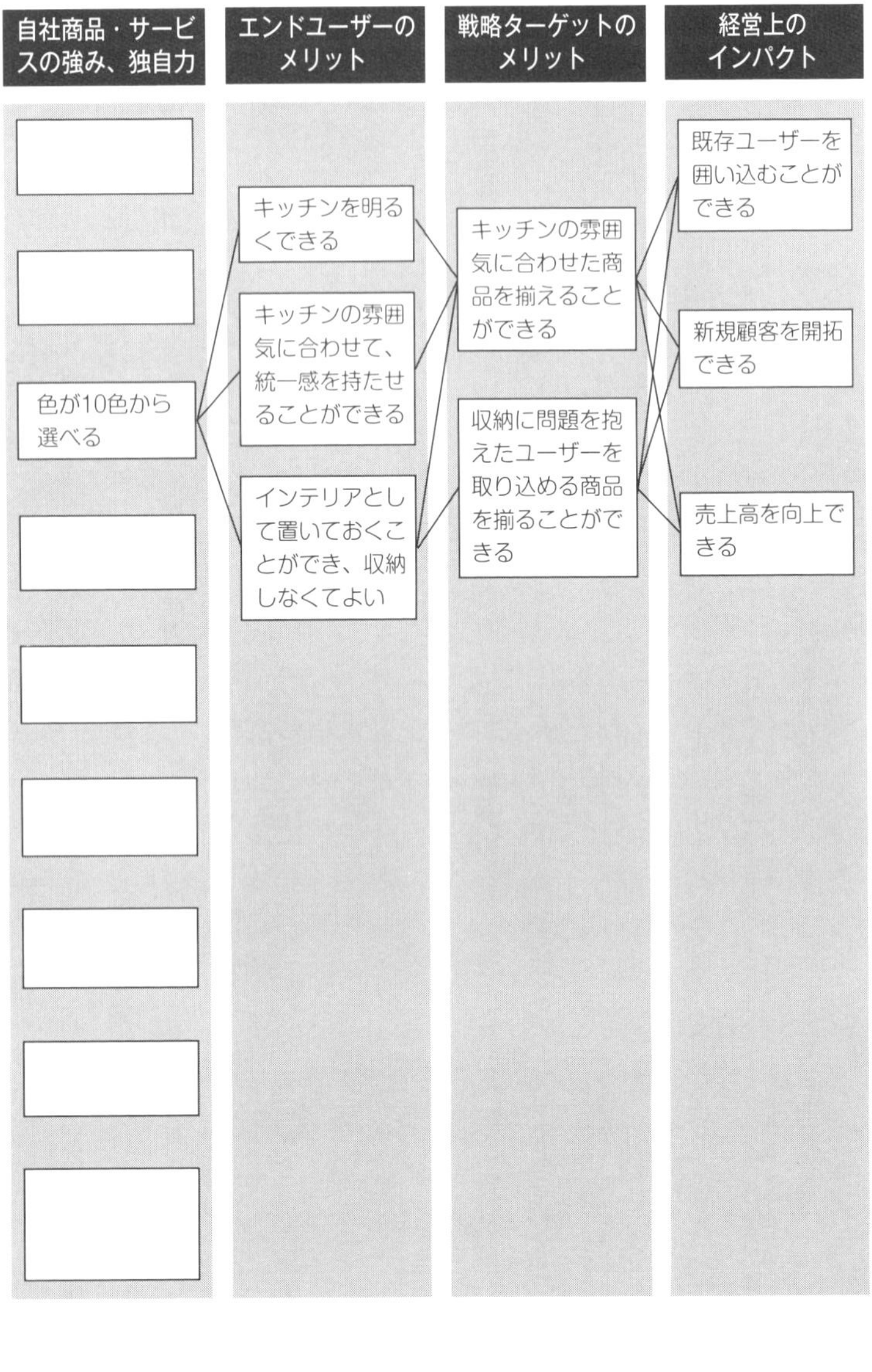
自社商品・サービスの強み、独自力
エンドユーザーのメリット
戦略ターゲットのメリット
経営上のインパクト
色が10色から選べる
キッチンを明るくできる
キッチンの雰囲気に合わせて、統一感を持たせることができる
インテリアとして置いておくことができ、収納しなくてよい
キッチンの雰囲気に合わせた商品を揃えることができる
収納に問題を抱えたユーザーを取り込める商品を揃ることができる
既存ユーザーを囲い込むことができる
新規顧客を開拓できる
売上高を向上できる

むことができる」、「新規顧客を開拓できる」、「売上高を向上できる」という経営上のインパクトを獲得できるのです。

次に、次頁の例では、自社の商品の「分解してコンパクトになる」という強みが、エンドユーザーに対して「収納スペースを少なく済ませることができる」、「高所でも収納することができる」、「簡単に持ち運ぶことができる」、「力が弱くても（お年寄りなど）扱うことができる」というメリットを提供し、戦略ターゲットに対して「収納に問題を抱えたユーザーを取り込める商品を揃えることができる」、「アウトドア派のユーザーを取り込める商品を揃えることができる」、「高齢者を取り込める商品を揃えることができる」、「（陳列スペースが少なく済むため）陳列棚に関連購買される商品を一緒に置くことができる」、「倉庫の在庫スペースを少なくすることができる」、「運搬、配送作業が向上する」、「包装資材が少なくて済む」というメリットを提供します。最終的に「既存ユーザーを囲い込むことができる」、「新規顧客を開拓できる」、「売上高を向上できる」、「人件費コストを削減できる」、「資材コストを下げることができる」、「その他コストを下げることができる」、「運転資金を少なくすることができる」という経営上のインパクトを与えることができるのです。

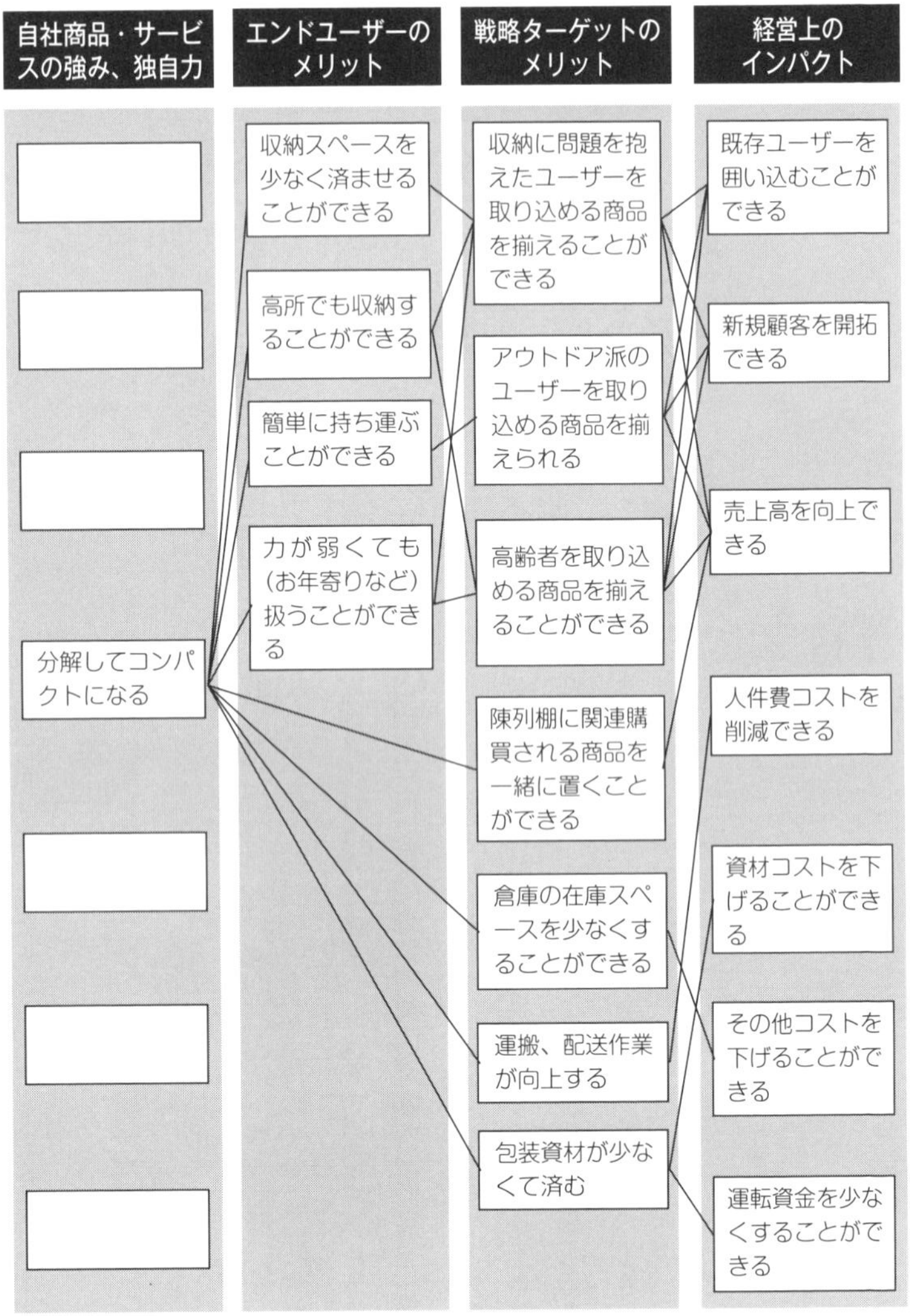
自社商品・サービスの強み、独自力
エンドユーザーのメリット
戦略ターゲットのメリット
経営上のインパクト
分解してコンパクトになる
収納スペースを少なく済ませることができる
高所でも収納することができる
簡単に持ち運ぶことができる
力が弱くても（お年寄りなど）扱うことができる
収納に問題を抱えたユーザーを取り込める商品を揃えることができる
アウトドア派のユーザーを取り込める商品を揃えられる
高齢者を取り込める商品を揃えることができる
陳列棚に関連購買される商品を一緒に置くことができる
倉庫の在庫スペースを少なくすることができる
運搬、配送作業が向上する
包装資材が少なくて済む
既存ユーザーを囲い込むことができる
新規顧客を開拓できる
売上高を向上できる
人件費コストを削減できる
資材コストを下げることができる
その他コストを下げることができる
運転資金を少なくすることができる

また、次頁の例は、「短納期で配送できる」という強みから、戦略ターゲットのメリットと戦略ターゲットの経営上のインパクトを検討した提案ロジックです。このように、エンドユーザーのメリットには直接つながらない場合もあります。「短納期で配送できる」ことにより、戦略ターゲットは「品切れを減らすことができる」し、他の製品とチェンジすれば「在庫を減らすことができる」、「（在庫を減らすことにより）倉庫の在庫スペースを少なくすることができる」、「（スペースが生まれることにより）運搬や配送作業が向上する」というメリットが生まれます。結果、経営上のインパクトとして、品切れしないことにより「売上高を向上できる」し、スペース効率が良くなることで、「人件費コストを削減できる」し、「（保管料など）資材コストを下げることができる」し、「（倉庫の賃料など）その他のコストを下げることができる」のです。加えて、在庫が少なく抑えられることにより、「運転資金を少なくすることができる」というロジックができました。

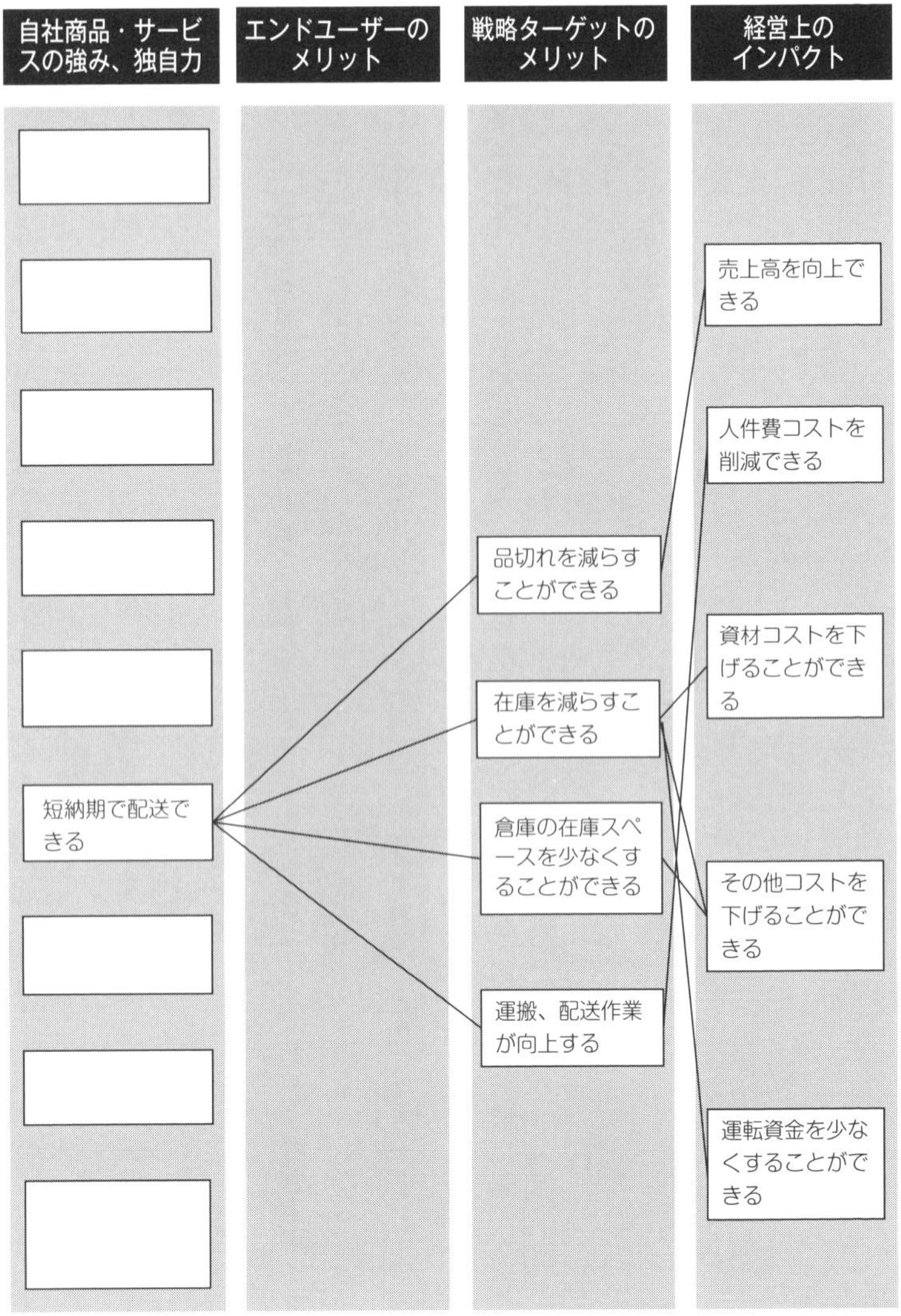
自社商品・サービスの強み、独自力
エンドユーザーのメリット
戦略ターゲットのメリット
経営上のインパクト
売上高を向上できる
人件費コストを削減できる
品切れを減らすことができる
資材コストを下げることができる
在庫を減らすことができる
短納期で配送できる
倉庫の在庫スペースを少なくすることができる
その他コストを下げることができる
運搬、配送作業が向上する
運転資金を少なくすることができる

以上は、「色が10色から選べる」、「分解してコンパクトになる」、「短納期で配送できる」という強みや独自力から提案ロジックをつくっていきましたが、実際はたくさんの強みが抽出できているはずです。この強みを一つひとつ丁寧に「エンドユーザーのメリット」、「戦略ターゲットのメリット」戦略ターゲットの「経営上のインパクト」に結びつけることで、完璧な提案ロジックができあがります。例えば次のようになります（本来はそれぞれが線で結ばれますが、見えにくいので、線は省略しています）。

これで自社の強みや独自力が戦略ターゲットの課題を解決するロジックができあがりました。以上を実際の提案書に落とし込んでいくわけです。

自社商品・サービスの強み、独自力

- デザインがかわいい
- シリーズ化されている
- 色が10色から選べる
- 充電を行うことができる
- 分解してコンパクトになる
- 短納期で配送できる
- 急な注文にも応じられる
- 休日も対応できる
- 最小５個からの小ロット対応ができる

エンドユーザーのメリット

- キッチンを明るくできる
- キッチンの雰囲気に合わせて統一感を持たせることができる
- インテリアとして置いておくことができ、収納しなくてよい
- 収納スペースを少なく済ませることができる
- 高所でも収納することができる
- 簡単に持ち運ぶことができる
- 力が弱くても（お年寄りなど）扱うことができる

戦略ターゲットのメリット

- キッチンの雰囲気に合わせた商品を揃えることができる
- 収納に問題を抱えたユーザーを取り込める商品を揃えることができる
- アウトドア派のユーザーを取り込める商品を揃えられる
- 高齢者を取り込める商品を揃えることができる
- シリーズで関連購買させることができる
- 陳列棚に関連購買される商品を一緒に置くことができる
- 倉庫の在庫スペースを少なくすることができる
- 運搬、配送作業が向上する
- 包装資材が少なくて済む
- 品切れを減らすことができる
- 在庫を減らすことができる

経営上のインパクト

- 既存ユーザーを囲い込むことができる
- 新規顧客を開拓できる
- 売上高を向上できる
- 人件費コストを削減できる
- 資材コストを下げることができる
- その他コストを下げることができる
- 運転資金を少なくすることができる

第3章

いよいよ提案書を仕込む

営業ステップ	ポイント	ツール
営業する企業を選定する	・企業リストアップと優先順位づけ（受け入れてくれやすい企業、優位に戦える企業）	*ターゲット選定* *ターゲット評価シート*
提案書を作成する		*仮説のカタマリ* *提案書* *ファックスＤＭ*

1 「仮説のカタマリ提案書」を作成する

(1) 提案書の目的は相手の本心を引き出すこと

提案ロジックを活用して提案書を作成します。提案書をつくる目的として、戦略ターゲットに、自社の商品やサービスの特徴を理解してもらうこと、得られるメリットを期待してもらうこと、自社の実績を見てもらい安心してもらうことなどが挙げられます。しかし、最大の目的は、**戦略ターゲットが気づいている課題、気づいていない課題を探り出すことです**。提案ロジックをつくる過程で、相手の業界の状況はある程度調べているはずですが、内容が個別の企業に当てはまるとは限りません。結局、この提案書は、仮説のカタマリです。では、なぜ提案書をつくるのか、それは仮説を投げかけて対話をつくり、相手の現状を聞き出して提案内容を検証できるからです。仮説検証のプロセスの中で、相手企業の困りごとを深く探っていくために使うのです。「そうそう、全くその通りなんだよね」、「自社の場合、そこはあまり問題を感じていなくて、むしろ××に困っているんだ」など、相手が普段から認識している問題を聞き出すツールなのです。

また、提案ロジックは仮説とは言え、「経営上のインパクト」という企業の中核の課題にまで踏み込んでいます。仮説を示すことで、購買担当者が業務レベルで感じていた問題を経営レベルの問題にまで結びつけ、気づかなかった経営課題に思考を広げてもらうことができます。例えば、相手の担当者は、仕入れ価格にとてもシビアで、1円でも安い商品を探しているとします。自社の商品は若干高いものの、多頻度小口で商品を届けられるという強みがあった場合に、仕入れ価格では他社に勝てないけれども、相手の売逃しを回避しながら在庫を圧縮するという提案ができます。すなわち、単なる仕入れ価格のニーズに留まらず、機会損失や在庫削減さらには資金余裕に対するニーズを顕在化させることができるわけです。

このような対話は、通常、営業マンの中でもトップセールスや、超ベテランの領域でないとなかなかできないテクニックです。しかし、これからつくる提案書を活用することで、新人営業でも相手の課題を探り出すことが可能となります。

(2) 提案書はこんな構成でつくり込む

提案書の構成は、皆さんの業界の特性や会社の方針によって様々だと思います。しかし、ぜひ記述して欲しい項目は次の表の通りです。

この、①~⑩の10ページそれぞれに書き込むべき内容があります。各項目の目的やポイントを意識するようにしてください。

ツール⑦本音を聞き出す【仮説のカタマリ提案書　汎用パターン】

①　表　紙
②　こんなお困りごとはないですか？
③　提案の概要
④　自社の商品・サービスの特長
⑤　貴社のお客様のメリット
⑥　貴社のメリット
⑦　商品のラインナップと価格
⑧　導入プロセス／受発注プロセス
⑨　実績・お客様の声
⑩　会社概要

①　表　紙

このページの目的は、これから何を提案するのかを明確にして、相手に期待感を持たせることです。記述する表題は漠然としたものではなく、提案内容を短くまとめて表すものにしましょう。

注意点は、二つあります。一つ目は、自社の商品やサービスの自慢ではダメということです。例えば、「ナノテクノロジーを活用したハイクオリティ商品のご提案」などは商品を自慢しただけであり、自社本位のダメな表題例です。あくまで相手の視点、立場で考えることが大切です。「弊社ナノテクノロジーを活用したハイクオリティ商品により○○効果を20％向上させるご提案」となると、相手目線の表題となります。

二つ目は、できるだけ具体的に記述して、

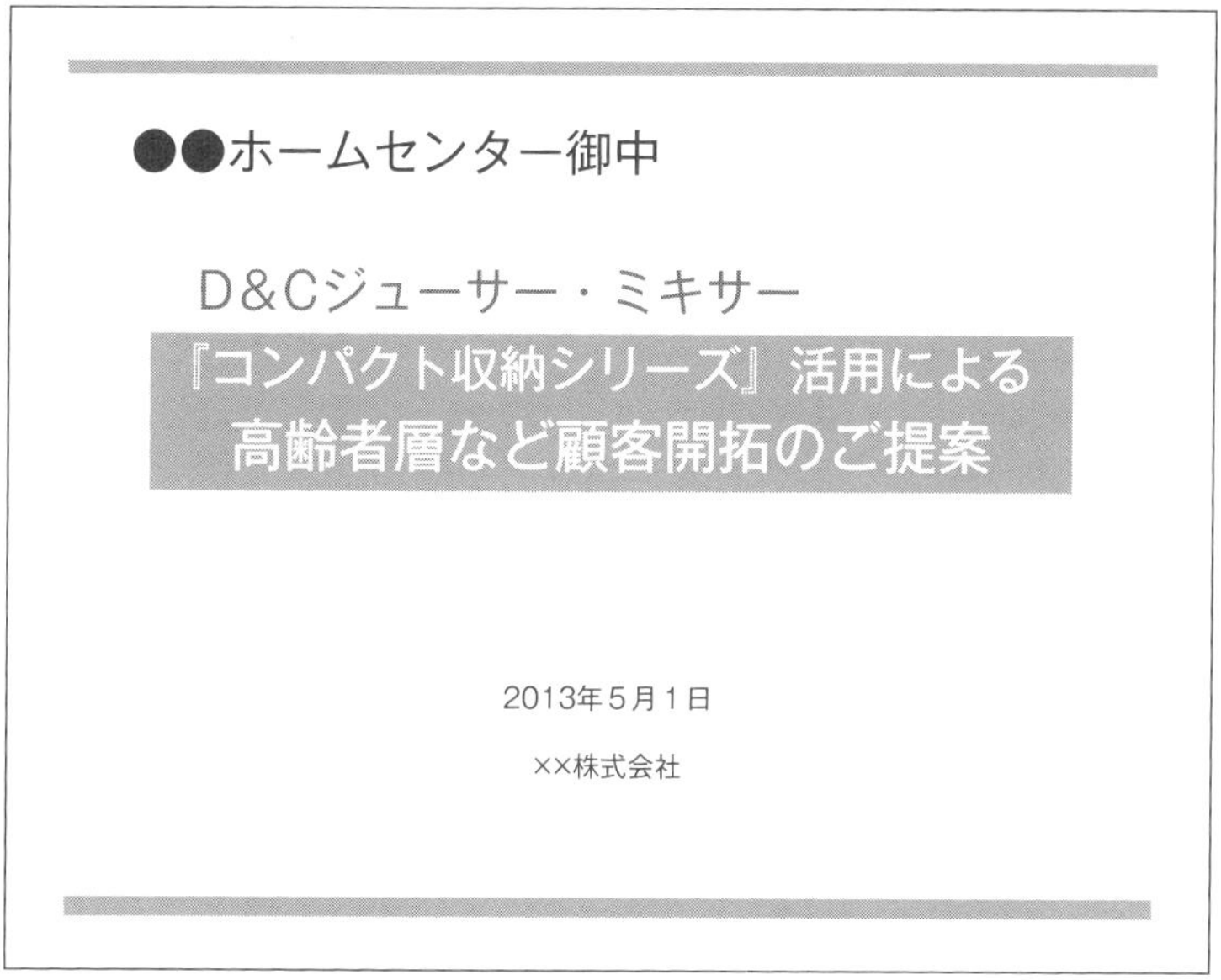
●●ホームセンター御中
D&Cジューサー・ミキサー
『コンパクト収納シリーズ』活用による
高齢者層など顧客開拓のご提案
2013年5月1日
××株式会社

相手にイメージが伝わるようにすることです。例えば「弊社商品による売上アップのご提案」よりも「弊社商品を利用した関連購買促進による、お客様単価UPのご提案」とした方が、相手は内容が実践的であると考え、その先を読んでみたくなるはずです。

以上により、自社の提案書への期待感を高めてもらいます。

上記図は、第2章に出てきた調理器具の提案書の例です。提案ロジックをふりかえりながら、見てください。

Ⅰ．こんなお困りごとはないですか？

■お客様が固定化し、新しい層のお客様が増えない
■お年寄りのお客様へのアプローチができていない
■関連購買がなされず、お客様単価が上がらない
■倉庫がいっぱいで、新製品の在庫が置けない
■品切れが発生し、機会損失がたびたび発生する

② こんなお困りごとはないですか？

このページの目的は、二つあります。一つは、「自社はあなたの業界を理解しようと努力しています」ということを感じてもらうこと。もう一つは、そのことで共感を得てもらい、自社との間にある見えない心理的な壁を下げてもらうことです。

これまでにも、提案ロジックを作成する時には、戦略ターゲットの業界特性や困りごとなど、課題の仮説を立てているはずです。その代表的なものを列挙してみましょう。この提案書をつくる段階では具体的な企業は選定されていないので、個別の企業の困りごとではなく、業界共通の困りごとや課題を記述することとなります（個別の企業に対応したものは、後でカスタマイズ

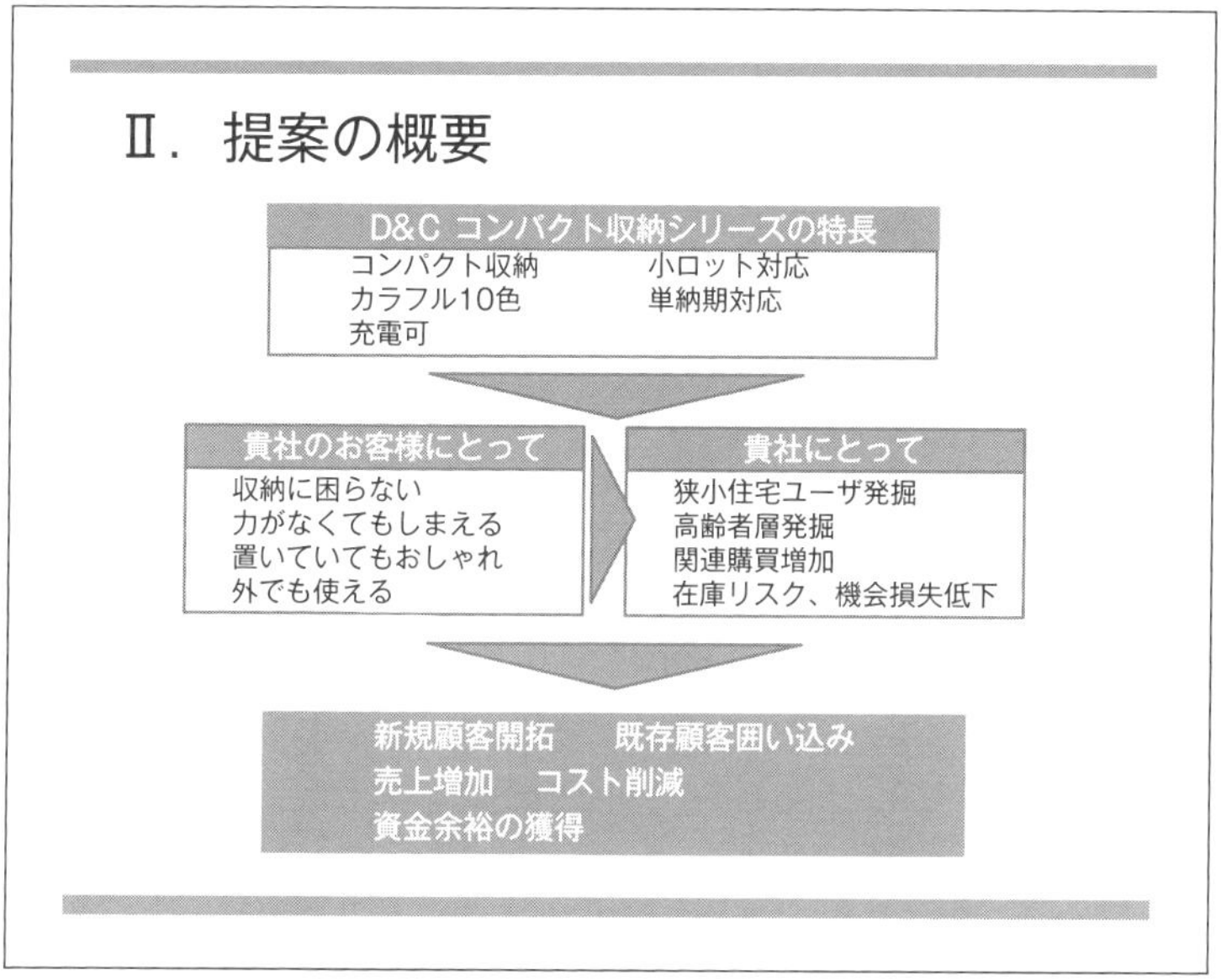
Ⅱ．提案の概要
D&C コンパクト収納シリーズの特長
コンパクト収納
カラフル10色
充電可
小ロット対応
単納期対応
貴社のお客様にとって
収納に困らない
力がなくてもしまえる
置いていてもおしゃれ
外でも使える
貴社にとって
狭小住宅ユーザ発掘
高齢者層発掘
関連購買増加
在庫リスク、機会損失低下
新規顧客開拓　既存顧客囲い込み
売上増加　コスト削減
資金余裕の獲得

してつくります）。

相手がこのページを見て「よくうちの業界のことを理解しているね。感心だね」と自社の努力を認めてくれ、「そうそう、こんなことで困っているんだよね」と共感を抱いてくれれば目的達成です。さらに期待感や興味を膨らませて、３ページ目に進んでくれるはずです。

③　提案の概要

この③から⑥までが**提案書の根幹**になる部分ですので、しっかりとつくり込みましょう。「③提案の概要」は、相手がこのページ以降の情報を正確に把握できるかどうかを決める１枚です。目的は、提案の全体像を１ページで表し、自社が伝えようとしている情報の大枠を相手に理解してもらうことです。

普段私たちは、事前に何も知らされずに複数の情報を提供されると、情報間のつながりを見出すことに苦労してしまいます。それぞれのパーツでは理解できていても、全体として何を示しているのか、把握できないことがとても多いものです。ましてや、見ず知らずの営業マンが何かを売込みに来たという状況であり、気合を入れて理解しようとは思わないケースが大半でしょう。

そのような相手でも理解してもらうために、このページで頭の中に全体のフレームをつくってもらい、これ以降の具体的な提案をパーツとしてはめ込んでもらうようにするのです。**このページがあるのとないのとでは、相手の理解度に大きな差がつくことは間違いありません。**

④　自社の商品・サービスの特長

このページの目的は、自社の商品やサービスが競合他社とどこがどう違うのかを理解してもらい、「何かいいことがありそうだ」と感じてもらうことです。

記述する内容は、提案ロジックを作成した時に列挙した「**自社の商品・サービスの強みや独自力**」を活用します。ただ、そのまま書き込むと情報の羅列になってしまうので、共通する項目がある場合は、グルーピングして表題をつけることをお勧めします。例えば、「シリーズ化されています」、「かわいいデザインです」、「色が10色から選べます」という商品の特長をグルーピングして、「思わず集めたくなるデザインとカラーです」と表題をつけると、それぞれを羅列するより格段に内容がわかり

Ⅲ．D&Cジューサー・ミキサー コンパクトシリーズの特長

思わず集めたくなるデザインとカラーです

■シリーズ化（４商品）されています
■かわいいデザインです
■色が10色から選べます

持ち運びや収納面を考慮した設計です

■充電を行うことができます
■分解してコンパクトになります

デリバリ体制が柔軟です

■短納期で配送できます
■急な注文にも応じられます
■納品は休日も対応できます
■最小５個からの小ロット対応ができます

やすくなります。

「充電を行うことができます」、「分解してコンパクトになります」ということをグルーピングして、「持ち運びや収納面を考慮した設計です」という表題を、「短納期で配送できます」、「急な注文にも応じられます」、「休日も対応できます」、「最小5個からの小ロット対応ができます」をグルーピングして「デリバリ体制が柔軟です」という表題を併せて付けます。すると、上記のようになります。

　相手が競合社と比較してくれたり、導入した時のシーンを思い浮かべてくれたりしたら、しめたものです。場合によっては、競合社の良いと感じている点や、購入価格などを教えてくれるかもしれません。

Ⅳ. 貴社のお客様のメリット

統一感がある調理器具が揃い、おしゃれです。

■キッチンを明るい雰囲気にします
■シリーズを揃えて統一感が図れます
■インテリアとしておしゃれに飾れます

収納の問題が解決します

■収納場所が狭くても片づけられます
■高所の収納場所でも簡単にしまえます
■しまわなくてもおしゃれに置けます

お年寄りやアウトドア派が便利に活用できます

■力が弱くても簡単に扱うことができます
■持運びに便利で、キャンプなどにも利用できます

⑤ 貴社のお客様のメリット

このページの目的は、提案する相手のその先である、エンドユーザーに提供するメリットを明らかにすることです。エンドユーザーが喜んでくれれば、相手は競合他社を排除して選ばれる存在となることができます（結果として、自社が相手から選ばれる存在となることができます）。

記述する内容は、提案ロジックに示した「エンドユーザーのメリット」を整理したものを使います。ここでも似たもの同士をグルーピングして、わかりやすくしましょう。上の記述例は、デザイン面→おしゃれ、機能面→収納に便利、顧客面→お年寄りやアウトドア派に最適、という表題をつけ、まとめてあります。

V．貴社のメリット

様々なお客様のニーズに応える商品を扱うことができます

■調理器具に機能とデザインの両方を求めるお客様
■キッチンをいつもおしゃれにしたいと考えるお客様
■収納場所が狭かったり、高所にしまわなければならないお客様
■力が弱く、軽くて扱いが簡単なものを望んでいる高齢者等のお客様
■キャンプ等に使いたいと考えるアウトドア派のお客様

陳列や保管が省スペースとなります

■陳列棚における数を多くすることができます
■倉庫スペースが少なく済み、運搬配送業務も楽になります
■シリーズをすべて並べることで関連購買の可能性が増えます
■カテゴリーマネジメントが可能となり関連購買につなげやすくなります

効率的な販売が可能となります

■既存のものより品切れリスク・在庫リスクを回避することができます

①既存のお客様を囲い込めます ④人件費コストを低減できます
②新規のお客様を開拓できます ⑤資材コストを低減できます
③売上を高めることができます ⑥運転資金を削減できます

⑥　貴社のメリット

このページの目的の前半は、**自社の商品やサービスの強みや独自力を利用して、相手にどのようなメリットをもたらすのかを理解してもらうことです。**ここでも、利用するのは既に作成されている提案ロジックであり、そこで列挙された「**戦略ターゲットのメリット**」の部分です。

相手が持つこのページの関心度は、全ページの中で最も高いはずです。なぜなら、仮説の域ではあるものの、相手が感じているであろう問題に対する解決手段、さらには「もたらされる成果や変化」が記述されているからです。場合によっては、相手が気づいていなかった問題や解決策が記述されていて、期待以上の成果を感じるかもしれません。よって、戦略ターゲットの視点

で考え、「こんなメリットを得られるのだな」という感想を持ってもらえるように内容に練りこまなくてはなりません。

見やすさという面も大切なので、ここでも共通する項目でグルーピングし、相手の理解を高める工夫をしましょう。

後半の目的は、**自社で立てた解決策が、戦略ターゲットの経営上の課題にもたらす影響を伝えることです**。つまり、「自社の商品やサービスの強みや特長を活用すると」→「あなたのお客様は喜び」→「あなたは様々なメリットを享受することができ」→「最終的に売上増加やコスト低下、顧客獲得など、経営上最大の関心事の解決につながっていきますよ！」というストーリーのまとめとなります。

ここでも、既に作成してある提案ロジックの「**経営上のインパクト**」の記述を活用します。③提案の概要、④自社の商品・サービスの特長、⑤貴社のお客様のメリット、⑥貴社のメリットの4ページは提案書の根幹部分となります。すべて提案ロジックの内容を転用してまとめているものであり、その意味で提案ロジックの良し悪しが提案書の効果を決めていきます。

⑦ 商品のラインナップと価格

このページの目的は、自社の商品やサービスのスペック、具体的内容を相手に伝えることです。パンフレットに書かれているような内容を記述しますが、スペースも限られているので代表的なものだけを選んで載せましょう。価格もできるだけ記述した方が効果的です。価格をはっきりと書きたくな

Ⅵ. 商品のラインナップと価格

商品	内容	価格
	●●●●●●●●●●●●●	
	●●●●●●●●●●●●●	
	●●●●●●●●●●●●●	
	●●●●●●●●●●●●●	

ければ、例や実績、幅を持たせた記述でも構いません。注文ロットや累積の実績、今後の交渉などで変動することを注意書きとして加えてもよいでしょう。

　詳細は既存の商品パンフレットに任せ、この提案書と一緒に渡します。しかし、パンフレットがあるから、このページをつくらないというのは賛成しません。提案する時点で、相手は自社の商品やサービスにまだ強く惹かれていないでしょうから、提案書とパンフレットを両方見るという面倒な作業をさせるのは感心しません。また、担当者に面談できなかったり、挨拶程度で終わってしまったりして、提案書とパンフレットを置いて帰ることもあるでしょう。このように後で相手に見てもらうような状況では、二つとも見てもらえるかどうかは相手次第なので、提案書だけで完結するようにした方が安全です。

⑧ 導入プロセス／受発注プロセス

このページの目的は、自社の商品・サービスの導入時の流れや受発注プロセスを示して、必要な準備、変更すべき事務処理を事前に伝え、安心感や信頼感を提供することです。

自社の商品が機械や設備、事務機器などであれば、注文からどのような手続きを経て設置され、試運転され、本稼働するのか、プロセスやスケジュールの大雑把な内容を記述します。これにより、導入に向けての必要事項を伝えられるだけでなく、導入する気はあるか、あるとすればいつ頃かが聞き出しやすくなります。

自社の商品が、相手が仕入れて販売するような継続的に注文されるものであれば、注文から発送、決済までの流れを記述します。これにより、手続きや事務処理が現状と変わるのか変わらないのか、変わるとすればどのようなメリット、デメリットがあるのかを相手が把握することができます。第1章にもあるように、事務処理に変更が生じることに対して、作業する人たちはこちらが思う以上に抵抗感を持ちます。これらを回避する上でも早い段階から案を示して、協議するための時間を確保しておきます。

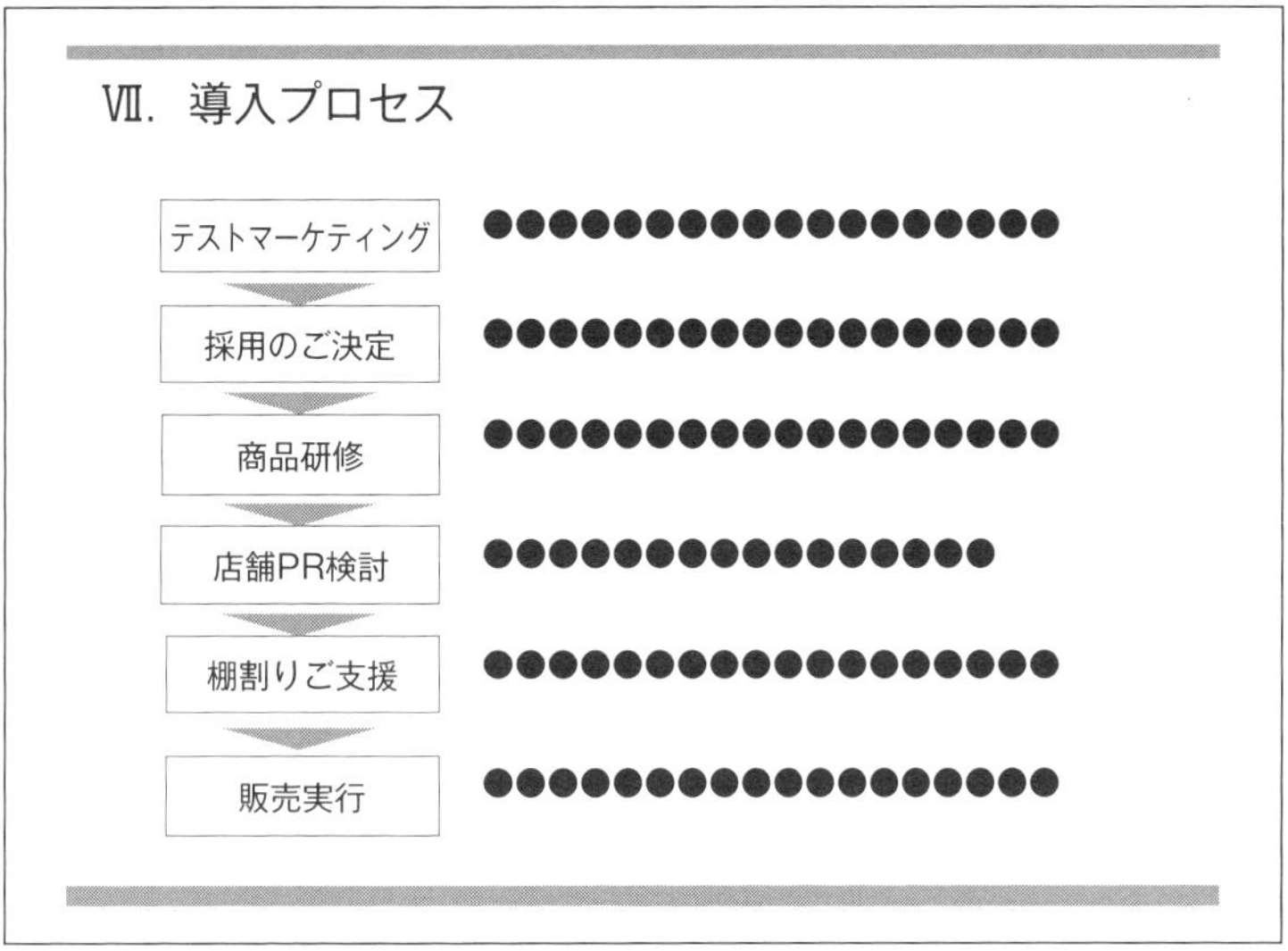
Ⅶ. 導入プロセス
テストマーケティング
採用のご決定
商品研修
店舗PR検討
棚割りご支援
販売実行

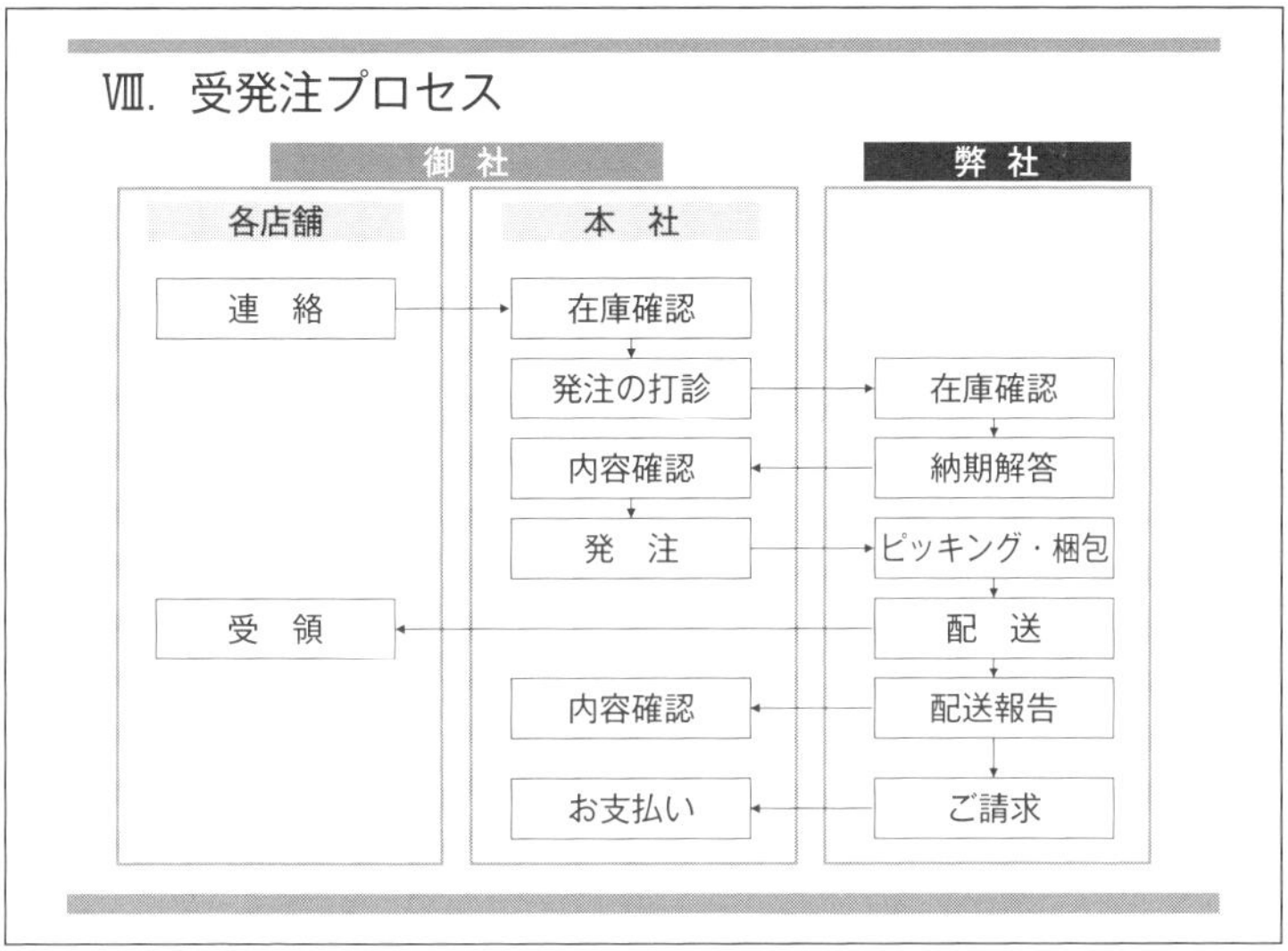
Ⅷ. 受発注プロセス
御 社
弊 社
各店舗
本 社
連 絡
在庫確認
発注の打診
在庫確認
内容確認
納期解答
発 注
ピッキング・梱包
受 領
配 送
内容確認
配送報告
お支払い
ご請求

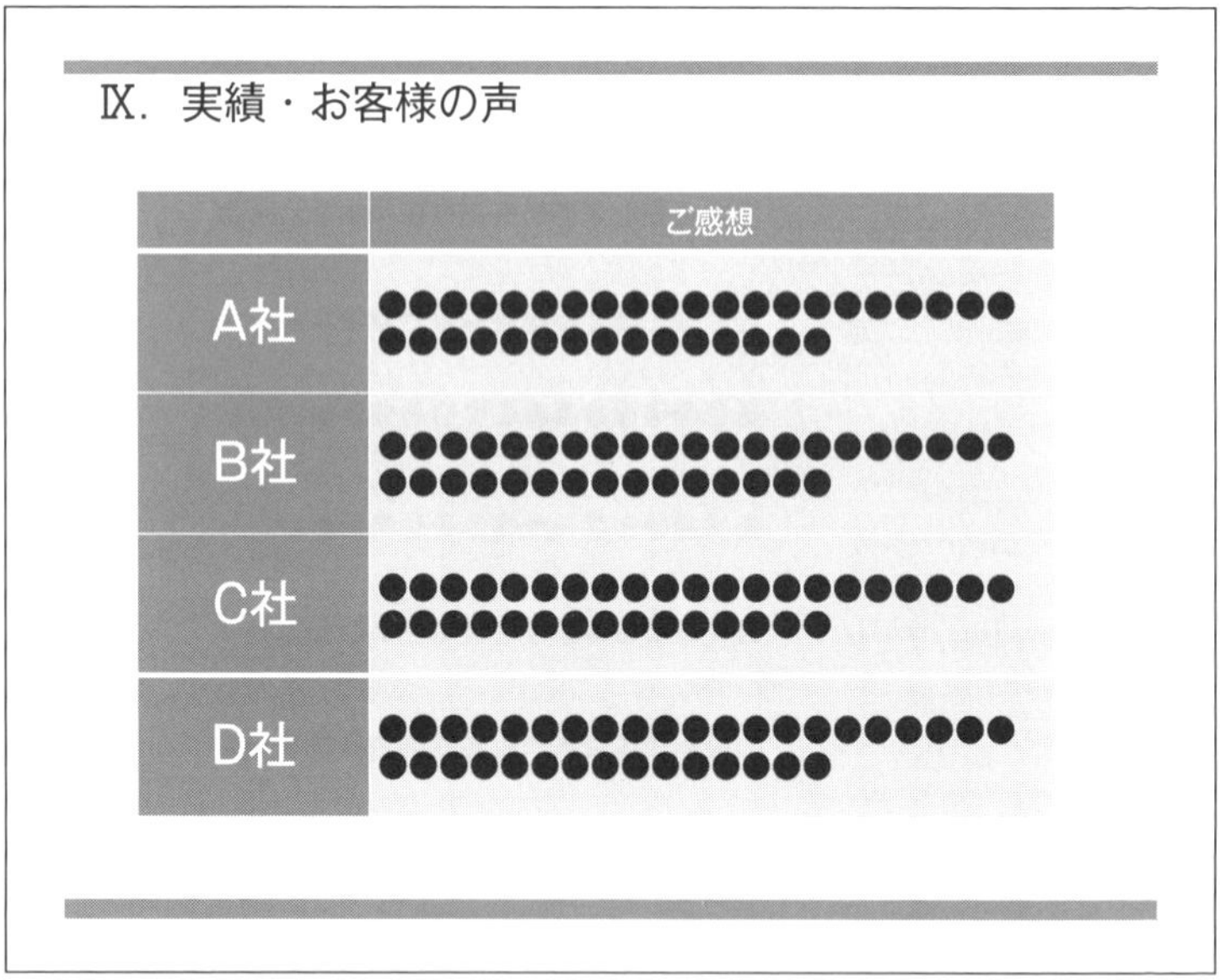

Ⅸ. 実績・お客様の声
ご感想
A社
●●●●●●●●●●●●●●●●●●●●●●
●●●●●●●●●●●●●●●●
B社
●●●●●●●●●●●●●●●●●●●●●●
●●●●●●●●●●●●●●●●
C社
●●●●●●●●●●●●●●●●●●●●●●
●●●●●●●●●●●●●●●●
D社
●●●●●●●●●●●●●●●●●●●●●●
●●●●●●●●●●●●●●●●

⑨ 実績・お客様の声

このページの目的は、実績やお客様の声を伝えることにより、信頼できる商品やサービスであること、信頼できる会社であることを確認してもらうことです。戦略ターゲットが本気でこの提案を検討してくれるかどうかは、自社の実績が大きくものを言うのは当然のことでしょう。第1章にあるように、**法人の購買担当者は失敗を恐れるために、企業や商品の実績を重視します**。

相手に対して最も効果があるのは、相手の同業種・同業態の取引実績です。同業他社が自社のどのような商品・サービスを扱い、どのようなメリットを得ているのかを記述します。同業での実績がなければ他の業種・業態でも構いません。もちろん、事

X．会社概要

会社名	
代表者	
経営理念	
行動指針	
事業内容	
沿革	
住所・電話番号	
URL	

例として出した企業に迷惑をかけない範囲で行ってください。守秘義務違反などは言語道断です。

一番困るのは、目に見えるような実績がない商品やサービスの場合です。その時は第1章にあるように、お客様の声やモニターになっていただいた方の声を載せるようにしましょう。

⑩ 会社概要

このページの目的は、第一に会社の存在を知ってもらうこと、第二に会社のスタンスを示して相手から共感や信頼を得ることです。そして第三に、自社のホームページに誘導するという目的もあります。ホームページなどで公開している会社概要や企業理念、行動指針などを記述して、自社が何者でどのような意志を持って事業を行っているのかを示します。

企業理念は、漠然としたお題目のような印象を持っている方もいるかもしれませんが、意識を持って見ているビジネスパーソンも少なくありません。**企業理念は言わば会社全体の共通目的であり、何を大切にして、何にこだわって事業を行っているのかを示すことは、とても大切なことです。**

既に会社案内がある場合には、一緒につけることで省略しても構いませんが、提案書だけが相手先の内部を回ることも考えられるので、できるだけ作成することをお勧めします。

さらに、ＵＲＬの掲載は必須項目です。提案書では示しきれない情報をホームページで補完するのです。提案中は立場上、乗り気の態度を見せられない相手が、面談を終えてからホームページをチェックして詳細を調べることも予想されます。

社名を直接打ち込んで検索することが多くなっていますが、ＵＲＬを記述することでホームページを意識させる効果があります。

これで提案書が完成しました。もう一度この提案書を作成する目的を確認しましょう。目的は、戦略ターゲットが既に気づいている課題、まだ気づいていない課題を探り出すことです。

ここに書かれていることは、相手の立場になって困りごとを解決する提案ですが、あくまで仮説のカタマリです。相手が「うちのために必死になって何かを与えてくれようとしてくれているな」と感じていただき、仮説と実態との一致点や相違点をしゃべりたくさせることが、この提案書の最も大きな役割なのです。

2 担当者リーチのカギ！　鉄壁の守りを破る「受付突破ファックスＤＭ」を作成する

ここからは、今まで作成してきた提案ロジックや提案書をもとにファックスＤＭをつくっていきます。ファックスＤＭの活用により、門前払いの確率を下げることが可能となります。

(1)「受付突破ファックスＤＭ」こそが受付を突破できる最大の武器

自社が既存取引先や誰かの紹介で営業に行くのであれば、電話でアポイントを取り提案書を持って出かければいいでしょう。**困るのは今まで訪問したことのない企業、自社の存在を知らない企業を開拓する時です。**

そのような企業に電話でアポイントを取ろうものなら、「担当者は外出中です」、「会議中です」といかにも居留守とわかるような理由を並べられ、取り次いでもらえないケースが大半です。それならば飛び込み営業を！　と勢いよく出かけても、「アポイントはございますか？」と受付に質問されてあえなく撃沈することばかりです。このようなことを続けていても時間ばかり費やしてしまい、効率の悪い営業となってしまいます。

新規の顧客を開拓する場合には、ファックスDMの活用をお勧めしています。ちょっと振り返ってみてください。ファックスDMは最初に誰が手にしようと、担当者の机の上にまで運ばれてくることが多くありませんか？　理由は簡単です。**ファックスDMは、売る気まんまんの営業マンを招き入れるわけではないし、不要ならこちらから連絡を取らなければいい、そういう気軽さがあるのです。さらに最初に手に取った人は自分の責任でその紙を処分せずに、判断を担当者に任せたいと思うものです。だから担当者まで届きます。**

私の取引先でも、電話のアポイントには「居留守」が活用されてますが、社長の机の上にはファックスDMがいつも数枚置かれています。

(2) 「受付突破ファックスDM」の三つの目的

このファックスDMの目的は、大きく分けて三つあります。それは、こちらがアプローチする相手の担当者に**「興味を持ってもらう」**、**「ホームページを見てもらう」**、**「アポイントを取り付ける」**ことです。

① 興味を持ってもらう

最低限クリアしたい目的です。自社の商品やサービス、自社自体を印象づけ、記憶の片隅に留めてもらうのです。「ふーん、何か変わったことやってんな…」でも構いませんし、「おー、役に立ちそうじゃないか…」と思ってくれれば、この目的は達成です。

② ホームページを見てもらう

できればクリアしたい目的です。ファックスDMは通常A4判1枚であり、事細かく書いても見にくくなるので、記述できる内容は限られてしまいます。よって、自社の商品やサービスの優秀さも、誠実な社員の取組みも、すべて伝えることは不可能です。しかし、ホームページを見てもらえれば、ファックスDMでは伝えきれない自社の強みを知ってもらうことができ、興味を持ってもらえる可能性が高まります。

また、相手が自社のホームページを見るという行為は、受け身の行動ではなく、何らかの意志を持って調べに来たという能動的な行動です。人間は自分の行動を肯定しようとする心理がありますから、アポイントを取り付ける際に、成功の確率を高めることができます。

③ アポイントを取り付ける

ファックスDMを流して、相手が内容に興味を持ち、電話をしてきたり、こちらからフォローの電話を入れて即アポイントを取れれば、最高の目的達成となります。約束した日までに周到に準備して、その日が来たら作成した提案書を持って出かければよいわけです。

(3) これだけは忘れず記述せよ！

ファックスＤＭに記述したい事項は、次の通りです。

・表　題
・自社の商品やサービスの特長
・相手の困りごとの解決
・連絡先（ＵＲＬと検索の窓）

内容を新たに考える必要はありません。この素材は既に作成した提案ロジックや提案書に記述されています。よって、その中からエッセンスを抽出し、Ａ４判１枚でわかりやすく、相手の目に留まるようにまとめればいいのです。

(4) 担当者の興味を惹くテクニック

ご存じの通り、ファックスＤＭは白黒でしか届きません。文字もややひずんで届きますし、細い文字や色が薄い文字は見えない可能性があります。また、詳しい内容も書けませんから、それなりの工夫も必要です。

① キャッチーな表題

相手にどんなメリットがあるか、最も強調したいものを選んで書きましょう。黒枠に白抜きの文字を使うと効果的です。また、副題を上下につけることも効き目があります。上の図のように文字を集めてにぎわいを持たせることにより、目に留まりやすくするのです。

② 文字の割合は多くてもＯＫ

相手に内容を理解してもらい、信用してもらうためには文字情報が重要です。多少説明的になっても大丈夫です。全く知らない会社からファックスＤＭが届くわけですから、書いてある内容が信頼できないのは当たり前であり、それを払拭するためにはある程度の説明が必要になるのです。もちろん、細かすぎては見る気がなくなりますので、バランスを持ってつくりましょう。

対極にあるのは、写真か図ばかりのイメージ型ＤＭです。見てくれは良くてもあまり効果は上がりません。

③　業界人でなくてもわかる表現

知らず知らずのうちにやりがちなのは、専門用語や業界用語を多用してしまうことです。普段使い慣れているため一般用語と勘違いしていて、自分では気づかないケースもあります。これを避けるためには、業界とは関係ない第三者に見てもらうことが有効です。

一方で、アプローチする企業に対して専門性をアピールしたい場合や、相手の業界を理解していると思わせたい場合は、あえて専門用語や業界用語を使うテクニックもあります。

④　箇条書きを多用

文字の割合は多くてもよいと書きましたが、読みにくくなってはダメなので、なるべく箇条書きを使います。箇条書きが5個以上並ぶ場合はグルーピングして、それぞれに表題をつけると見やすくなります。

⑤ 図や写真を入れる

空いているスペースに写真や図を入れ込むことは、変化が出るのでとても有効です。ただ、冒頭にも書いた通り白黒で出力されることを意識しましょう。棒グラフなどは色で区別されているものが多いので、エクセルの塗りつぶし機能などを使って、棒線や点線で区別できるようにしておきましょう。

⑥ 数値を入れる

示せる数値があるなら是非入れましょう。例えば、「10％のコスト削減効果」などです。数値は相手にインパクトを与える非常に効果的な道具です。

ツール⑧担当者にリーチする【受付突破ファックスDM】

様

コンパクト収納 カラフル10色

D＆Cジューサー・ミキサーシリーズ

思わず集めたくなるラインナップで購買促進

こだわり層、高齢者層、アウトドア層のニーズ対応で

新規顧客獲得。既存顧客囲い込み→売上向上！

貴社の戦略商品として加えてみませんか？

弊社商品の特長

集めたくなるデザインとカラー

■シリーズ化（4商品）されています
■かわいいデザインです
■色が10色から選べます

持運びや収納面を考慮した設計

■充電も行うことができます
■コンパクトに折りたたむことができます

貴社が商品を扱うメリット

様々なお客様のニーズに応える商品を扱えます

■調理器具に機能とデザインの両方を求めるお客様
■キッチンをいつもおしゃれにしたいと考えるお客様
■収納場所が狭かったり、高所にしまわなければならないお客様
■力が弱く、軽くて扱いが簡単なものを望んでいる高齢者等のお客様
■キャンプ等に使いたいと考えるアウトドア派のお客様

陳列や補完が省スペースとなります

■陳列棚における数を多くすることができます
■倉庫スペースが少なく済み、運搬配送業務も楽になります
■シリーズをすべて並べることで関連購買の可能性が増えます
■カテゴリーマネジメントが可能となり関連購買につなげやすくなります

①既存のお客様を囲い込めます　④人件費コストを低減できます
②新規のお客様を開拓できます　⑤資材コストを低減できます
③売上を高めることができます　⑥運転資金を削減できます

後ほど、ご連絡させていただきます。何卒よろしくお願いいたします。

××株式会社　担当●●
東京都港区新橋1－2－3
TEL：03-1234-5678　FAX：03-1234-5679
e－mail aaa@Bbb.co.jp

××株式会社　検索

営業する企業を選定する

3 いよいよ具体的なターゲット企業をリストアップする

(1) 開拓候補先を探す七つの方法

ここまで戦略ターゲットとは、提案したいグループ、例えばスーパーマーケットやホームセンターなどの業種・業態を指していました。これからは戦略ターゲットから具体的な企業を抽出する作業に入っていきます。抽出する際のポイントは、自社や自社の商品を受け入れてくれやすいところ、自社が優位に戦えるところを探すということです。

例えば、チェーン店を狙う場合でも、全国展開しているところではなく自県で展開しているところをターゲットとした方が、自社の規模では展開しやすいなどです。ホームページなどを使って該当する企業を探し出します。

個別にホームページで当たる以外に有効な方法として、次のものが挙げられます。

① 取引実績のある企業をリストアップする
② 組合や協会など業界団体のホームページを当たる
③ 書籍から調べる

④　金融機関に協力を依頼する
⑤　リサーチ会社に依頼する
⑥　求人情報から調べる
⑦　ライバルの商品・サービスを扱っている企業を調べる

①　取引実績のある企業をリストアップする

新規企業を開拓するという主旨からは外れますが、一番効率的なのは既に取引がある企業や、かつて取引があった企業から探すという方法です。少なくとも、自社の存在から説明する必要がないため、その後のアプローチを円滑に進めることができます。あらためて相手のメリットを提案することで、取引のパイプがより太くなったり、休眠状態であった取引が復活したりする可能性があります。

②　組合や協会など業界団体のホームページを当たる

ほとんどの業種・業態は社団法人や財団法人、組合、協会などの業界団体を持っています。全国的に組織化されているところでも、大抵の場合は支部などの県単位の組織があるものです。そこからホームページを当たると構成員として個別企業が紹介されているので、紹介を受けられそうな企業、ファックスＤＭでアタックしたい企業をピックアップしていきます。すぐに団体を見つけられない場合は、書店などに行って「業界地図」関係のムック本を見てみることをお勧めします。私は毎年『日経業界地図』（日本経済新聞出版社）を購入しています。出版社が、業界シェアなどを調べる際に必要なデータを組合や協会から収集しているため、それらの団体名が掲載されています。例えば、スーパーの業態では、「日本チェーンストア協会」、「新日本スーパーマーケット協会」、「日本スーパーマーケット協会」などの記述があります。その団体のホームページから会員や賛助会員などを調べてリストアップしたり、地域の支部を見つけて、そこに登録されている会員などをリストアップしたりするわけです。

③　書籍から調べる

図書館に行くと様々な業界団体の書籍があります。業界誌、業界年報、業界団体年鑑、業界団体便覧などです。そこからターゲットを探っていくことができます。

その他に、これも図書館などに置いてある『会社職員録　上場会社版』や『会社職員録　非上場会社版』（ダイヤモンド社）を当たる方法があります。この書籍には、本社住所、設立日、資本金、従業員数、業績、事業構成、大株主、主要取引金融機関、主要仕入先、主要販売先、役員名が載っています。また、企業によっては、各部の部長名、事業所所在地も載っており、活用の範囲が広いことが特徴です。ただ、非上場企業版は２０１０年度版を最後に、上場企業版は２０１１年度版を最後に発行されていません。中小企業の場合は、それほど組織や管理職が頻繁に変わることがないので、まだ使えるでしょう。最新の情報が欲しい場合は、D－VISIONネットというインターネットサービスに移行されているので、有料ですが、そちらを活用するとよいでしょう。1万6千社、20万事業所、役員や管理職25万人が掲載されています。

〈参考にしたい書籍〉

・業界誌
・業界年報
・業界団体年鑑
・業界団体便覧
・会社職員録　上場会社版　ダイヤモンド社
・会社職員録　非上場会社版　ダイヤモンド社

④　金融機関に協力を依頼する

最近、金融機関のビジネスマッチング活動が活発です。ビジネスマッチングとは、銀行などが取引先同士を引き合わせて、互いの事業展開を拡大させていこうとする活動です。

漠然と、自社商品やサービスの売り先を紹介して欲しいと言ってもなかなか対応してくれませんが、業種・業態を指定し、作成した提案書を見てもらうことができれば、銀行は積極的にマッチング先を探してくれると考えます。その際も、自社の利益だけを追う姿勢ではなく、紹介してもらう企業にもメリットがあることを銀行に理解してもらうことが大切であり、ここでも作成した提案書が効果的なツールになります。

⑤　リサーチ会社に依頼する

少々費用はかかりますが、帝国データバンクや東京商工リサーチなどにターゲット候補探しを依頼することも有効です。従業員数、評点、売上伸び率、エリアなど様々な要素を指定して抽出することができます。また、大株主と代表取締役が一致する企業を抽出し、社長の判断で決められる先をアタックするなどの高等ワザも可能となります。

さらにこの方法の利点は、業績の悪い事業者をあらかじめ排除できることです。話が進んで取引開始直前に相手の業績が悪いとわかっても、こちらから提案したものなので商談を打ち切るのが心情的に難しいケースがあります。こうした事態を防ぎ、無駄な営業活動をしなくて済むことを考え合わせると、費用に対する効果は高いと考えられます。

⑥　求人情報から調べる

業種業態を絞り込んで、ホームページ上の求人情報を調べることも有効です。企業の概要や考え方なども記述されていることが多く、アポイントを取って訪問する際にも役に立ちます。

⑦ ライバルの商品・サービスを扱っている企業を調べる

明らかに自社の商品やサービスより見劣りするものを仕入れている企業があれば、そこをターゲットとすることができます。探し方は、自社の既存取引先から情報を収集することが有効です。戦略ターゲットがスーパーや専門店など小売業の場合は、実際に店舗などに訪れて情報を収集することも考えられます。

(2) リストアップした企業の選定基準を考える

ターゲットリストができたところで、自社の商品やサービスを受け入れてくれやすい相手、自社が優位に戦える相手を選定するための基準を検討します。

例えば、自社が食品卸で、やや高価であるが、同業他社より安全性が優れている商品を地場のスーパーに提供したいとしましょう。また、店内の陳列や販売促進を積極的に支援する姿勢を持っているとしましょう。するとターゲットとするのは所得が高い層に商品を提供する、商圏に競合が多いスーパーで、また作業量と比べて人員が手薄のところとなります。加えて、ある程度の取引量を確保したいなら、複数店舗を持つスーパーを抽出します。このように、自社の商品やサービスとマッチングの良い企業でかつ、目標利益を確保できそうな企業を選び出す基準をつくるわけです。

その時に大切なのは、**どうすれば基準を満たしている企業がわかるのか、その探し方までも思考することです**。これをしないと、選定基準というお題目だけができて、実際の企業にリーチすることができません。例えば、商圏に競合が多いことを調べるには、対象店舗の地域を見て回るだけでなく、インターネットの地図情報から競合店の数を把握します。所得水準は区や市単位で納税情報などから見出すことができます。

このように考えることで、漠然としたものではなく論理的な基準ができあがります。

次の表を参考にしてみて下さい。

ツール⑨取引すべき相手を明確化する【ターゲット企業選定基準シート】

	選定基準	どのように見える？どうすればわかる？
ターゲット企業の状況	繁盛しているところ	現場で見てみる、業界誌、問屋へのヒアリング
	後継者に悩んでいるところ	同業者の情報、問屋情報
	多店舗展開しているところ	ショップカード、インターネット
	担当者が最近変わったところ	同業者の情報、問屋情報
	求人募集をしているところ	求人情報
	従業員を減らしたところ	同業者の情報
	人手不足のところ	求人情報、同業者の情報
製品・サービス・店舗状況	常に新しいものを求めているところ（製品サービスを常にリリースしている）	チラシ、店内陳列、ＰＯＰなどが頻繁に変わる
	特定の製品やサービスに強いこだわりを持っているところ	チラシ、ＰＯＰ
	製品単価の高いところ	チラシ、店内陳列
	店舗や事務所を最近リニューアルしたところ	店舗の外見、業界情報
競合	同業他社との競争が激しく、差別化を迫られているところ	同業者の集積度、実際に歩く、電話帳、インターネットの地図情報
	競合が現在提供されている製品やサービスに不満を持っているところ	問屋情報
	競合営業マンの訪問頻度が少ないところ	営業マン情報、問屋情報
	競合他社のシェアが高いところ	問屋からの情報
自社の都合	取引実績があるところ	顧客データベース（取引金額）
	G問屋と取引があり紹介してもらえるところ	G問屋の取引業者のヒアリング
	現在の配送ルートにあるところ	営業マンのルートマップ

(3) リストアップした企業の優先順位をつける

選定基準ができたら、リストアップした企業に点数をつけていきます。それには、**【ターゲット企業選定シート】**を使います。これは前にご紹介した**【戦略ターゲット選定シート】**のフォームと全く同じです。

両者の違いは、**【戦略ターゲット選定シート】**が戦略ターゲットとなる業種・業態を決める際に使うのに対して、**【具体的ターゲット企業選定シート】**は業種・業態の中から、具体的な企業を抽出し選定する際に使うということです。当然、記述されるのは企業名です。

次の表は、戦略ターゲットをホームセンターとした場合に、具体的な企業名をリストアップして次の①～⑤の基準で評価した例です。

① 一度でも取引実績がある

現在はほとんど取引はなくても、過去に取引実績があれば初対面ではないので、担当者と接点を持ちやすい。

② 多店舗展開をしている

1店舗ではないので取引ができれば一定の売上高が確保できる。

③ 商品単価が高い

むやみやたらに特売を行っていないので、仕入れ価格を叩かれにくい。

ツール⑩取引すべき条件を明確化する【ターゲット企業選定評価シート】

具体的ターゲット企業候補	評価項目					合計
	①一度でも取引実績がある	②多店舗展開をしている	③商品単価が高い	④競合先が商圏に多い	⑤配送ルートである	
○○ホームセンター	5	3	2	4	2	16
△△ホームセンター	2	1	5	3	3	14
□□ホームセンター	1	1	4	3	4	13
××ホームセンター	3	4	4	4	3	18
☆☆ホームセンター	4	2	2	4	3	15

④　競合先が商圏に多い
候補となるホームセンターには商圏内に競合が多いため、良い提案・差別化できる提案なら採用してもらえるかもしれない。

⑤　配送ルートである
自社の配送ルートにあり、新たなコストを掛けずに済む。

これらの基準で評価した時に、「××ホームセンター」を最優先に提案することが有効ということがわかります。

(4) 個別の企業の状況を調べ抜く

具体的な企業の選定を終えたら、その企業の理念や戦略、事業計画をホームページで調べてみます。目的は、ターゲットとする企業の個別情報を押さえることです。企業は存続成長を果たすために、経営戦略を練り事業計画を立てて活動します。また、社会との関わりを意識して、良き企業市民として様々な取り組みを行っています。もし、提案する自社の商品やサービスが、ターゲット企業の方針や方向性に合致し役立つものであれば、採用・導入してもらえる可能性が高くなるからです。

ターゲットが上場会社であれば、決算短信を見ておきましょう。その他CSR報告書なども非常に参考になります。

■経営理念

経営者や企業の基本的なスタンス、考え方、価値観です。

■経営戦略

中長期的な事業活動の方向性です。

■事業計画

経営戦略を数値化したものです。売上目標、利益目標とそれを達成するための実行手段、スケジュールが明記されています。

■決算短信

すべての上場会社が作成する決算情報のことであり、貸借対照表や損益計算書などが示されます。その他、業況や次期の課題、取り組み方針などが記述されていることがあります。

■CSR報告書

企業の社会的責任に関する活動の報告書のことです。具体的には、コーポレートガバナンスの状況、コンプライアンス、個人情報保護への取り組み、顧客、株主、社員への責任について、環境問題への取り組み姿勢などが記述されています。

(5) 最適な攻め手を考える

次に検討したいのは、個別の攻め手です。攻め手というのは、どの役割の部署に提案するのが一番効果的かを考え、そこに行きつくための手段を検討することです。

例えば、バイヤーなど商品部に持っていくのがセオリーですが、IRや公開されている中期経営計画などから、自社の商品を経営戦略上の問題解決手段として提案したいような場合は、経営企画や販売企画などの部署を巻き込むことが有効です。商品政策としてでなく、もっと高い階層の経営戦略、販売戦略の面から提案できるからです。

まずは商品部に話を持っていき、主旨を説明して、経営企画部署との接点をつくってもらうことをあらかじめ計画しておきます。この時に、相手の組織図が大雑把でも把握できていると、非常に効果的です。

組織図を知る上で、相手のホームページ、会社案内、『会社職員録』（ダイヤモンド社）、D－VISIONネットなどが参考になります。

⑹「仮説のカタマリ提案書」と「受付突破ファックスDM」をカスタマイズする

個別企業の方針がわかり、攻め手が決まったら、それを提案書やファックスDMに入れ込み、顧客の意に沿うようカスタマイズしましょう。戦略ターゲットである業界全体を意識してつくったものよりも、相手企業に格段にマッチしたものができあがります。これで、効果的な営業活動を行うための準備が整いました。

第4章 ターゲット企業の心臓部にリーチする

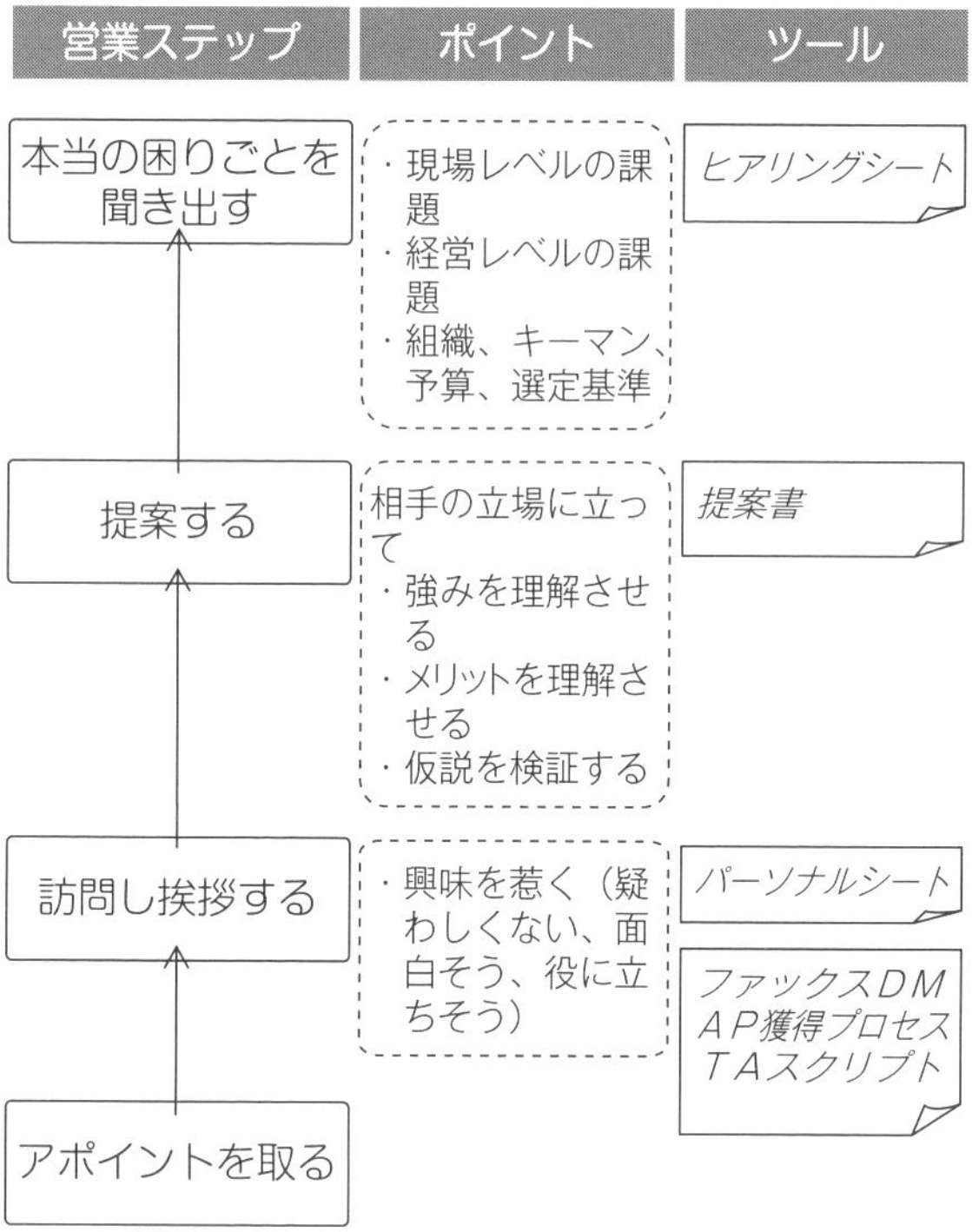

1 ターゲット企業にアポイントを取る

(1) 「受付突破ファックスDM」を活用したアポ取りのプロセスを構築する

ここから、ターゲット企業のリストをもとに、電話入れとファックスDMを活用したアポ取りを開始します。アポイント獲得までのプロセスは次の通りです。

① 初回電話入れ
② ファックスDMの送信
③ フォロー電話

① 初回電話入れ

まず、ターゲット企業に電話を入れます。電話入れの目的は、**担当部署や担当者名を教えてもらうこと**、**ファックスDMの送信を承諾してもらう**こと、**ファックス番号を教えてもらう**こと、です。

電話口にゲートキーパーである受付の方が出たら、社名や用件を話して、担当部署を聞きます。そ

の時は、受付の方がどの部署に回したらいいのかを想像できるような聞き方が大切です。例えば、

「仕入れの担当部署におつなぎいただけないでしょうか」

「購買担当の方におつなぎいただけますか」

と話せば、部署の名前は正確に伝えられなくても、「あ、あそこの部署だな」と察してもらうことができます。つないでもらったら、電話に出た担当部署の窓口の方に、再度用件を手短に話して担当者に回してもらいます。担当者が出たら、もう一度用件を話し、アポイントが取れるようであれば日時の打ち合わせをします。

あまり乗り気でないようなら、

「この件でファックスをお送りしますのでご覧いただけますでしょうか?」

と申し出てファックス番号を聞き出します。ホームページなどを見て、既に相手のファックス番号を知っている場合は、その番号の確認をしましょう。この時、担当者がファックスの受信を拒むケースはほとんどありません。相手は早く電話を切りたいと考えており、長々と話されるよりファックスの受信を承諾する方が楽だからです。

このように、担当者にまで電話が回って、直接話をするまで進むのは、非常に稀なことです。大抵の場合は、受付すなわちゲートキーパー止まりで、うまくいっても担当部署の窓口止まりというケースがほとんどです。その場合は、電話の相手にファックスDMを送らせてもらう依頼をします。

「○○の件でファックスをお送りしたいのですが、ご担当者の方にお渡しいただけますか」

と申し出て、

「**次回ファックスのご感想をお聞きする時は、どなたにお電話を差し上げればよろしいですか？**」

と再度担当部署や担当者を聞いてみましょう。それでも担当者を教えてもらえない場合は、電話口の方の部署と名前を聞いておきます。ここでも相手は早く電話を切りたいと考えており、話を続けるよりファックスの受信を承諾する方が楽なので、申し出を拒むケースはほとんどないはずです。

② ファックスDMの送信

ファックスDMの目的は、作成のところでも記述しましたが、**自社の商品やサービスに興味を持ってもらう、自社のホームページを見てもらう、そしてあわよくば、アポイントを取り付ける**、ということです。

ファックスDMは、他社の営業マンを招き入れるわけではないし、興味が湧かなければ連絡を取らなければいい、相手にとってそういった気軽さがあります。さらにファックスDMをファックス機器の前で手に取った人は、自分の責任で処分することをためらい、その判断を担当者に任せる傾向があります。よって、担当部署、担当者に届く可能性が高くなるというわけです。この特性を生かして、相手のファックス番号にファックスDMを送付します。

送付する時期は、初回の電話を切ってからあまり時間を置かないようにします。これにより、自社の商品やサービスに興味を持ってもらい、自社のホームページを見てもらうきっかけをつくります。

うまくいけば、相手から照会の電話やメールがくるかもしれません。

③ フォロー電話

とはいえ、相手から連絡が来ることは非常に稀なことです。ファックスDMを送信してから、早いうちにフォロー電話を入れます。できれば当日、遅くても翌日には入れましょう。ここでの目的は、**ファックスDMを見てもらったかを確認する、アポイントを取り付ける、アポイントを取れなかった場合も意見や情報を収集する**、ということです。まず、ゲートキーパーに、

「○月×日にファックスをご担当者様にお送りしていたのですが、ご覧になっていただけたかを確認しようとご連絡差し上げました」

と言って担当者につないでもらいましょう。この時点で、こちらは担当者の名前を知らず言えないかもしれません。しかし、電話に出た方は事前にファックスをもらっていたという負い目のようなものを感じていて、担当者を探して教えてくれるケースもあります。もし、ファックスが誰の手元にも届いていないようでしたら、②に戻って再度ファックスDMを入れましょう。

担当者がファックスDMを見ていたら内容の感想を聞き、自社のホームページを見ていただいたかも合わせてヒアリングしましょう。そして、内容の詳細は、直接会って提案したいことを話しましょう。

「御社の新規顧客の開拓に役立つ商品を、ファックスで○月○日にご案内したのですが、ご覧いただ

けましたか？」

「あわせて、弊社のホームページをご覧いただく機会はありましたか？」

「どのようなご感想をお持ちですか？」

「もしご興味があるようでしたら、お伺いして、具体的なご案内をしたいのですが、いかがですか？」

このようにしてアポイントの取り付けまでつなげます。

もし、興味がないという反応なら、あきらめずに感想やどのような理由で自社の商品やサービスに興味が湧かなかったのかを聞いて、これからのアポ取りの参考にします。また、

「今後も御社に有益な情報があればご案内させていただきたいので、ご挨拶だけでもさせていただけないでしょうか」

「御社の近くはよく行くことがあるので、近くに参りましたら是非一度ご挨拶させてください」

と言って会う機会をつくってみるのもいいかもしれません。

担当者が会ってくれると言ったら、その担当者のことを少し調べておきましょう。最近では担当者が個人でブログを書いていることがあります。そこから趣味や嗜好の情報を得るのです。またFacebookを行っている人が増えており、そこから情報を収集することはとても有効です。その人物のつながりまで見えてくることがあり、これを使わない手はありません。

ツール⑪アポイント獲得の確率を飛躍的に高める【アポイント獲得のプロセス】

アポイント獲得プロセス	目　的	ポイント
アポイントの獲得		
↑		
フォローの電話	（ア）ファックスＤＭを見てもらったか確認する （イ）アポイントを取り付ける （ウ）アポイントを取れない場合でも意見や感想を収集する	・ファクスＤＭの効果測定 ・アポの取り付け ・関係性を意地でも作る
↑		
ファックスDM送信	（ア）自社の商品やサービスに興味を持ってもらう （イ）自社のＨＰを見てもらう （ウ）あわよくばアポイントを取り付ける	・メリット ・数値 ・アイキャッチ
↑		
初回電話入れ	（ア）担当部署や担当者名の情報収集をする （イ）ファックスＤＭの送信の了解を得る （ウ）ＦＡＸ番号の聞き取りをする	・電話に出た人がどこにつなげばいいかわかるような表現

⑵ 誰でもアポイントが取れる「テレアポスクリプト」を構築する

テレアポのベテランなら何の心配もなく電話をかけられるかもしれませんが、不慣れな方や新人は電話口に相手が出たとたんに緊張して、頭が真っ白になるケースもあるでしょう。よって、トークなどをまとめて、場面に合わせた対話のやり方であるスクリプト（台本）をつくっておくことも有効です。ファックスDMを活用したアポ取りでは、初回電話入れとファックスDMを出した後のフォロー電話の二つのスクリプトが必要となります。

ツール⑫経験のない営業マンでも担当者にリーチできる【テレアポスクリプト初回電話入れ用】

TEL

電話に出る

【社名・氏名を伝える。信頼感を提供。変なセールスと思われないように】

私はデザインと収納に特徴のある調理器具を開発、販売している××株式会社の山田と申します。


ご用件は？


【要件を伝える。取次ぎを依頼する】

デザイン性に優れ、コンパクトに収納できるジューサ・ミキサーシリーズについてご案内差し上げたいので、商品仕入れをされているご担当者におつなぎいただけますでしょうか？

担当者を教えてくれるがつなげてくれない

【担当者の部署、氏名、ファックス番号を聞く】

さようでございますか。それでは、商品の概要をＦＡＸにてお送りしようと考えます。ご担当の●●様のＦＡＸ番号を教えていただけますか？

→ ＦＡＸ送信

担当者を教えてくれない

【担当者の部署、氏名、ファックス番号を聞く】

さようでございますか。それでは商品の概要をＦＡＸにてお送りさせていただきたいと考えますが、ご担当者の方にお渡しいだだけますか？　ご感想をお聞きするにはどなたにご連絡差し上げればよいでしょうか？

→ ＦＡＸ送信

担当につなげてくれる

担当者が出る

【挨拶、要件を述べる。アポを依頼する】

私はデザインと収納に特徴のある調理器具を開発、販売している××株式会社の山田と申します。１～２分ほどお時間はよろしいでしょうか？

私どもはデザイン性に優れ、コンパクトに収納できるジューサ・ミキサーシリーズを開発しました。種類が４つ、色も10色あり、キッチンを飾りたい方や、高齢者、アウトドア派などのお客様を取り込むことができると考えます。

つきましては、一度詳しい資料をお持ちして説明に伺いたいと思うのですが、今週のご予定はいかがですか？

アポOK → アポイント

アポ断られる

【ファックスDM送付のお願い。訪問のお願い】

さようでございますか。それでは、商品の概要を示したＡ４の書面を１枚ＦＡＸにてお送りしようと考えます。是非ご覧いただきたいと存じます。ＦＡＸ番号をお教えいただけますか？詳しい内容は弊社ＨＰに掲載しております。あわせてご覧いただけますと幸いです。また、私は御社の近くに来ることが多く、一度ご訪問してご挨拶だけでもさせていただきたいのですが、よろしいでしょうか？

→ ＦＡＸ送信

ツール⑬経験のない営業マンでもアポイントが取れる【テレアポスクリプトフォロー電話用】

TEL

電話に出る

【社名・氏名を伝える。要件を端的に】
私は××株式会社の山田と申します。●月○日に弊社新製品のジューサ・ミキサーのご案内を、御社仕入部署様宛にＦＡＸさせていただきました。恐れ入りますが，仕入れ部署のご担当者様におつなぎいただけますか？

担当者不在（居留守）

【次の電話入れにつなげられるように】
さようでございますか。それでは改めてお電話させていただきます。お戻りの時間はいつごろになりますか？

担当につなげてくれる

担当者が出る

【社名・氏名を伝える。要件を伝える】
私は××株式会社の山田と申します。●月○日に弊社新製品のジューサ・ミキサーによる顧客開拓のご案内を，御社仕入部署様宛にＦＡＸさせていただきました。ご覧いただけましたでしょうか？

ＦＡＸ見た

【お礼。ＨＰを見たか確認。アポイントのお願い】
ありがとうございます。私どものＨＰなどは見る機会はございましたでしょうか？　よろしければ一度詳しい資料をお持ちして説明に伺いたいと思うのですがいかがですか？

ＦＡＸ見てない

【ＦＡＸ番号の確認、要件、アポイントの依頼】
●月○日に1234−5678番にＦＡＸさせていただいたのですが，番号は間違いないでしょうか？
ＦＡＸの内容ですが，私どもが開発したデザイン性に優れ、コンパクトに収納できるジューサ・ミキサーシリーズのご案内でした。種類が４つ，色も10色あり，キッチンを飾りたい方や，高齢者，アウトドア派などのお客様を取り込むことができると考えます。
つきましては，一度詳しい資料をお持ちして説明に伺いたいと思うのですが，今週のご予定はいかがですか？

アポＯＫ

アポイント

アポ断られる

【ファックスＤＭ再送付のお願い】
さようでございますか。それでは，再度ファックスをお送りいたしますので，ご覧いただけますか？

ＦＡＸ送信

(3) やればやるだけ可能性が高まる。だから愚直にひたすら実行する

ここまで来たら、とにかく実行するのみです。1日や1週間のアポ入れ目標、アポ取り目標を定めて、それに向かってひたすら電話入れをしてみましょう。結果はエクセル等で管理して、その後の検証につなげます。

アポ取り担当と訪問担当を分ける会社もありますが、それもとても有効なことです。しかし、最初のうちはなかなかアポイントが取れないでしょうし、訪問時においても電話での流れや相手の雰囲気を知っておいた方が良いでしょう。全体を一通り把握するまでは、一人が初回電話入れから訪問まで一貫して実行することをお勧めします。将来役割分担することになっても、「○○が悪いんじゃないの？」、「××を工夫してみては？」、「電話で△△まで伝えてくれると訪問時の次の展開がしやすいのだけど」などと課題や問題点を互いに意見交換することができます。

(4) 実行した結果を検証し次につなげる

実行した結果は、定期的に検証していきます。ここまではすべて仮説のカタマリに基づいて実行しています。したがって、仮説が合っているのか、違っているのかを検証することが大切です。アポ取りがうまくいかない理由は、次のことが考えられます。

①自社が設定した戦略ターゲットは自社の商品やサービスを必要としていない
②アポイントを取るべき担当部署が違っている
③電話入れのやり方が悪い
④ファックスＤＭに魅力がない

①自社が設定した戦略ターゲットは自社の商品やサービスを必要としていない

魚のいないところで釣り糸を垂れているようなものです。もしそれが間違いないなら、さっさと切り上げて新たな戦略ターゲットを選定し、作戦を練り直した方が利口です。新しいターゲットに向けて提案ロジックの再作成から始めることが求められます。

②アポイントを取るべき担当部署が違っている

資材購買部署につないでもらっていたが、実は製品開発部署にアプローチする必要があった、などの場合です。これは場数を踏んでみなければわからないことです。しかし、アポ取りしている部署が購買コストを下げることにニーズがあるのか、機能や価値を高めて差別化することにニーズがあるのかなどを意識して対話することで、アポを取りつけるべき部署か、そうでないところかが早めにわかるようになります。もし担当部署が違うとわかったら、電話口の相手にふさわしい部署を遠慮なく聞き、電話を回してもらいましょう。代表的な各部署の関心ごとは、１３７頁で説明いたします。

③　電話入れのやり方が悪い

「オドオドしている」、「前置きが異常に長く、相手をイライラさせる」、「ポイントがはっきりと示せない」、「自分の都合だけで話す」など、電話入れが下手なことがアポイントを取れない理由なら、努力してスキルを磨くことが必要です。ロールプレイングを行って、一定のレベルで電話をかけられるようにしましょう。また、どこでつまずいてしまうのかを検証して、その部分を強化することが求められます。スクリプトの文章を変えるなどして、その障壁を超える工夫が必要となります。

④　ファックスＤＭに魅力がない

見にくい、何を書いているのかがわからない、信用が置けないなどが考えられます。再度88頁のファックスＤＭの記述のポイントを振り返ってみることをお勧めします。

2 いよいよターゲット企業に訪問する

(1) まずは好印象を持たせる

さあ、アポイントが取れて、いよいよ企業に訪問です。第一印象が商談の大部分を占めるというビジネスマンやコンサルタントが大勢います。メラビアンの法則によると、人の印象の55％は視覚で判断されます。その数値が高いのか低いのかはここで議論するつもりはありませんが、最初から良い印象を持ってもらうことに越したことはありません。パッと見で「この人はちゃんとしているな」、「こいつと付き合うといいことがありそうだな」と思わせることができれば、これからの営業は格段に進めやすくなります。頭髪、ひげ、スーツ、ネクタイ、そして靴などは手入れをして清潔感を印象づけることが必要です。相手会社の受付の方には、笑顔で元気良くハキハキと『社名』と『名前』を名乗りましょう。

(2) 受付で対応して欲しい部署をしっかり提示する

ファックスＤＭで既にアポイントが取れており、担当部署や担当者の名前がわかっているはずなので、それをはっきりと示しましょう。

「私は株式会社○○の××と申します。□□部の△△様と10時にお約束させていただいております」

といった具合です。今まで、販路開拓プロセスでは飛び込み営業を設定していませんが、仮に飛び込みをした場合は担当部署や担当者名がわからないので、受付の方が「あそこにつなげばいいのだな」と担当部署をイメージしやすいように伝えます。例えば、

「私は株式会社○○の××と申します。コストダウンを実現するOA機器のご提案に参りました。OA機器の購買を担当されている部署の方をお願いできますでしょうか」

といった具合です。

(3) 自己紹介、自社紹介は簡潔明瞭に

担当者がお見えになったら、名刺交換をした後に本日お時間を取ってもらったお礼を必ず述べましょう。

「本日は貴重な時間を頂戴し、誠にありがとうございます。御社に一つでも有益になる情報を提供できるよう努力いたしますので何卒よろしくお願いいたします」

といった感じです。次に、自社の特長、自分の営業の守備範囲などを簡潔明瞭に話しましょう。あまり長々と話す必要はありません。

「弊社は創業50年で○○業界においては老舗の部類に入る会社です」

「弊社は金属の微細加工を得意としており、特に××部品の加工についてはお客様にご好評をいただいております」

「私は主に××業種の事業所様を担当しており、弊社商品活用による顧客囲い込みに関するご提案をさせていただいております」

「私は□□地区の事業所様を担当しており、弊社サービスの活用による管理コストの削減を提案させていただいております」

などです。

(4) ツールを使って信用を勝ち取れ！

その時に会社案内があると非常に便利です。ちゃんと活動している会社だという安心感を持ってもらうことができます。また、最近では営業マンのパーソナルシートを作成して活用している会社があります。パーソナルシートとは、営業マンの紹介チラシのことで、出身地や趣味、営業ポリシーなどを記述して、自分の人となりを相手に知らせて親近感を持ってもらうためのツールのことです。営業経験が少ない方や新人は、パーソナルシートをつくることをお勧めします。

ツール⑭一瞬で相手に入り込める【印象付けパーソナルシート】

提案力では誰にも負けない

法人1課　営業主任

山田　太郎

すべてはお客様のために！

サッカーで培った粘りと負けん気で，必ずお役にたちます。

- □ 出身地：東京都葛飾区亀有
- □ 生年月日：昭和63年9月
- □ 星座：おとめ座
- □ 趣味：フットサル、飲み歩き
- □ 好きなタイプ：佐々木希
- □ 好きな音楽：サザン、ＫＡＲＡ
- □ 好きな食べ物：イタリアン、寿司
- □ 将来の夢：社長

仕事のモットー

入社して４年。仕事にも自信が付き，どうすればお役様にお役にたてるかをいつも考えています。先走ってお叱りを受けることもありますが，失敗を次にいかすよう心がけています。
どんなことでも構いません。ぜひお気軽にお声かけください。

○×株式会社

新宿区新宿1－2－4新宿ビル5Ｆ
ＴＥＬ：03－1234－5678
ＦＡＸ：03－1234－5679

yamada@●●●●.co.jp　　http://www.●●●●.com

○×株式会社　検索

また、少し高等テクニックになりますが、担当者と名刺交換をした時に、相手の名刺に書いてある部署や内容を起点として、情報を聞き出すことも有効です。例えば、

「購買一課では、主にどのようなものの購買が多いのですか?」

「お一人で何品目くらいのご担当されているのですか?」

「購買一課には何名くらいのスタッフの方がいるのですか?」

「規格や必要数量の決定も購買一課でお決めになるのですか?」

などです。ただし、あまり質問が多いと取り調べのようになってしまうので注意が必要です。

(5) 導入部分では相手を褒める

相手は少なからず警戒心を持っているはずです。この警戒心を取り除くために話題をいくつか準備しておきます。一つは、前述したパーソナルシートです。記述されている自分の出身地や趣味から親近感を持ってもらう方法です。相手企業のホームページから話題を探しておく方法もあります。提案書を作成する際に活用した経営理念や行動指針、企業沿革などから、自分が感じたこと、他の企業と比べて優れていると思ったことなどを話しましょう。

「ホームページを拝見しましたが、御社は環境問題が話題になる前から、省エネに取り組んでこられたのですね」

といった具合です。自社を褒められて悪い気持ちがする人間はいません。「この営業マンは事前によく調べてきているな」と担当者が思ってくれると、一気に距離感を縮めることができます。

(6) 訪問の目的をはっきりと

簡単に挨拶やアイスブレイクを済ませた後、訪問の目的をしっかりと相手に知らせましょう。

「弊社の商品・サービスが、御社の事業にどのようなメリットを提供できるか仮説を立てて来ました。その上で本当に役立ちそうかどうか、ご感想をお聞かせいただきたいと思い本日は参りました」

などです。最初の訪問は仮説のカタマリ提案書をもとに、相手の困りごとをヒアリングするのが最大の目的です。こちらから一方的な話をしに来たのではなく、あくまで相手の意見を聞きに来たのだというスタンスをはっきりと出しましょう。

3 自社のソリューションを提案する

(1) 「仮説のカタマリ提案書」で仮説をぶつける

いよいよ提案の開始です。こちらが説明できる時間は、多くても面談時間の全体の3分の1程度。30分なら10分が限度と考えてください。そのつもりで、作成した提案書を活用しながら、優先的に話す事柄を考えておく必要があります。

このタイトな時間の中で、「提案書の概要」のページが大きく貢献します。**相手に全体の流れをつかんでもらえば、個々のパーツを飛ばしたとしても、私たちが何を言いたかったのかをおおよそ理解してもらえるからです。ポイントを話せれば、後で提案書を見直してもらうことで、内容を深く理解してくれる可能性が高まります。**一番まずいのは、漫然とだらだら話してしまい、相手にポイントをつかんでもらうことができなかった時です。そのためにも与えられた時間を複数パターン想定しながら、ロールプレイングなどを入念に行うなど、事前準備を怠らないようにしましょう。

また、話の途中で相手の関心が一向に高まらない場合もあります。その気配を感じたら合間で「**今までの中で疑問点や不明な点はございますか?**」と問いかけてみましょう。相手の反応を気にせずプレゼンで一生懸命になってしまうことがありますが、目的はあくまで相手の状況を聞くことです。目的をはっきりと認識することが肝要です。

(2) 仮説通り？ それとも違う？ それがわかることが大事

「以上が、弊社で仮説を立てた御社の課題と解決策です。これは御社の業界情報や御社のホームページなどを調査してつくったものですが、どのような感想をお持ちですか？ 合っているところ間違っているところがあれば教えてくださいますか」

とストレートに聞いてみましょう。「自社も業界の状況に似たり寄ったりで、提案書のこの部分の指摘が当てはまる。もう少し掘り下げた提案が欲しいな」などの意見が出ればしめたもの。例え的外れであったとしても、相手企業の視点で問題提起や解決策を提案してくれることに悪い気はしないはずです。「確かに業界ではそのような問題があるけど、自社は既に解決済みで、むしろ○○に問題を抱えているんだ」などの意見が聞ければ、これはこれでとてもありがたいこと。次回の本提案に向けた材料が見つかり、その解決策を示すことが腕の見せ所となります。そのためには、有効な質問を繰返し、相手の言葉に潜んでいる深い部分を探っていくことが求められます。ではどのような質問が有効なのでしょうか？

(3) 相手の困りごとを聞き出せ

本当の困りごとを聞き出す

① 困りごとを深堀りしていく

こうして把握した「仮説通りだった困りごと」や「仮説とは違った困りごと」について、その内容を深堀りしていきます。

「御社の困りごとをもう少し具体的に言うとどのようなことですか?」

「業界全体の困りごとですか? それとも御社固有のものと言えるのですか?」

「その現象はどのような時にどのような場所で起きていますか?」

「それについて現在どのような取り組みをなされているのですか?」

「その取り組みの中でさらにお困りのことはありますか?」

「取り組みが成果を上げている原因は何だと思われますか?」

「取り組みの成果が今一歩と思われているようですが、うまくいかない原因は何だと思われますか?」

「そのような問題点を克服した同業者はありますか? もしあるならその同業者はどのように克服したのでしょうか?」

などの質問を投げかけましょう。

一番困るのは相手の反応が薄い場合ですが、陥る理由は大きく分けて二つあります。1点目は自社の提案に興味がない場合です。そう感じ取った時には、他に困りごとや課題がないかを探っていきます。この時はできるだけ広めの質問を投げかけ、網を大きくしていきます。広めの質問とはその業界に身を置く企業なら大抵当てはまるような業界共通の課題などです。例えば、

「高齢者の顧客層を囲い込むことについて、お困りのことはありませんか?」

「売場の活性化について、何かお困りのことはありませんか?」

といった質問です。これらの質問にも無反応な場合は、早く帰って欲しいという意思の表れですので、早めに切り上げましょう。

2点目は、相手が内容を理解していない場合です。その際は相手に気遣いながら、

「こちらから一方的にお話してしまって、わかりにくい部分も多々あったかと思います。内容について疑問点等があれば教えていただけますか?」

「いろいろなお客様にこのようなお話をする機会があるのですが、一度ではなかなかご理解いただけないケースが多くありまして。もしわからない点等があればご指摘いただけますか? 再度ご説明させていただきますので」

といった具合で疑問点や理解できない点を明らかにして再度説明しましょう。

② さらに相手の経営課題の根幹に触れる

これはかなりの高等テクニックです。相手のビジネスにおける課題を探り出すためには、置かれている経営環境をヒアリングすることが有効です。意識するのは3C、Customer:カスタマー(相手

の顧客)、Competitor:コンペティター(相手の競合)、Company:カンパニー(相手の社内状況)です。

(ア) Customer:カスタマー(相手の顧客)

相手の顧客は誰なのか、現在はどのような状況なのかを聞き出します。一般消費者の場合もあれば法人の場合もあるでしょう。行政機関の場合もあります。相手の業績は顧客の消費動向、購買動向に左右されますから、その状況をヒアリングしてみます。

「御社の中心の顧客はどのような企業(方)になりますか?」

「御社のお取引先は主に電気機器メーカーでらっしゃいますよね。昨今では海外移転などが活発ですが、どのような影響が出ていますか?」

「御社は商圏内のファミリー層をターゲットとしていらっしゃると思いますが、年齢構成も変化しているのではないですか? それによって売れ方にどのような変化が見られますか?」

(イ) Competitor:コンペティター(相手の競合)

相手は競合環境をどのようにとらえているかということを聞き出します。市場にプレイヤーが1企業しかないということはありえません。当然ながら相手の企業にも競合があるはずであり、どのような競争状態にあるのかをヒアリングします。

「常に意識している競合社は何社ぐらいありますか?」

「御社の直接の競合社というとどちらになりますか?」

「競合社はどのような特徴を持っていますか?」

「競合社はどのようなやり方で競争を挑んできますか?」

(ウ) Company:カンパニー(相手の社内状況)

相手の業績、経営資源がどのような状態かを聞き出します。強みや独自性はどのような点にあるか、改善するべき点をどのように感じているか。売上や利益は増加しているのか、減少しているのか、売上予算は前年と比べて高いのか低いのか、現段階の進捗率はどれくらいなのか。自社の商品カテゴリーの売上、利益状況はどうなのか。今後どのような方針で予算を達成するつもりなのか、などです。ストレートに聞くことは難しいので遠回しに聞いて、概要を把握するようにします。


「ホームページ等で調べてきましたが、あらためて御社の製品やサービスの特長についてお聞かせいただけますでしょうか?」

「競合社と比較した優位点、改善するべき点などがありましたらお聞かせください」

「どの業界も昨今の情勢が厳しいと聞いております。しかし御社は顧客基盤がしっかりとしているので、やはり前年より増率予算で組んでいらっしゃるのでしょうか?」

「どの業界も価格競争が厳しい状況です。目論見通りの粗利益の確保も年々難しくなっていると多くの経営者から聞きますが、御社の場合はいかがですか？」

「月の予算はほぼ予定通りで推移されているのでしょうか？」

「やや予算に対する進捗が良くないということですが、それに向けて後半戦はどのような取り組みをなされる計画でしょうか？」

このようにして、相手の状況を丸裸にして、本提案書作成に向けた準備を進めます。

(4) 自社の競合社の状況を聞き出せ！

相手の企業に対して、自社の競合社が商品やサービスを既に提供しているはずです。その状況を早い段階でつかんでおくことで、有効な手立てを打つことができます。

「この商品分野でどのような企業様とお付き合いされていらっしゃいますか？」

「仕入れのメインとなっている会社様はどちらですか？」

「お取引はどのような経緯で始まったのですか？」

「最も高く評価されているのはどちらの商品ですか？」

「商品のどのような点を重視されていらっしゃいますか？」

「商品の納期はどれくらいですか？」

「1回の納入量はどれくらいですか？」

「納入している会社様の対応について、どのような点を評価されていますか？」
「弊社がその会社と比較される土俵に立つためには、どのようなことが必要ですか？」

特にQ（品質）C（仕入れ価格）D（納期、1回の納入量）、S（サービス、対応力）の視点を持ちながら質問することが大切です。例えば、仕入れ価格は、1回の仕入れ量と深い関係があります。多く仕入れれば価格は安くなるので、単に価格だけを聞いてもそれが高いか安いかは判断できないわけです。見積りを作成する時の条件を意識しながら質問するのもお勧めです。

4 相手の組織を聞き出すことは営業として必須条件

(1) キーマンの聞き出し方

相手の決済の流れやプロセスを早い段階から知っておくと、次の打ち手が明確となり時間を浪費することがなくなります。その時にしっかりと押さえておきたいのが、キーマンです。キーマンとは、自社の商品やサービスの採用の可否を意思決定する人です。対話をしてくれる購買窓口の担当者がキーマンであることは稀で、その部署の長や、中小企業であれば社長がキーマンであることが多いものです。よくある失敗例としては、担当者と意思疎通ができていて、そろそろ取引の決断を迫ったところ、部門長であるキーマンには全くつながっていなかったというケースです。また、担当者の選定基準は理解していてそれを中心に提案していたところ、キーマンの選定基準は全く別のところにあり、他社に受注を奪われてしまうというケースもあります。これらを回避するためにも、できるだけ早く次のことを聞いておきましょう。

・稟議書は誰が書いて誰が決済するのか
・決定までのプロセスはどのようになっているか
・それぞれのプロセスでどれくらいの期間がかかるのか
・キーマンは何を判断基準、選定基準にしているのか

とはいっても、相手はなかなか話したがらない事柄です。これを乗り越えるためには、自社の都合ではなく、「あなたの会社ことを考えて聞いているのだ」という意図を伝えることが大切です。例えば、

「仮に弊社の提案を進めていただくとすれば、どなたが決定されることになりますか？　是非一度ご挨拶をさせていただきたいと存じます」

「本日お聞きした御社の課題を受けまして、具体的なご提案をさせていただきたいと考えます。よって、商品を購入するまでの決済の流れや関与される方、決済される方を教えていただけますか？　それらの方々にも判断しやすい提案書をつくってお持ちしますので」

「御社のお役に立てる弊社のベストなプランをご用意したいと考えております。よって、関係される

方々や決済される方のニーズや決済の流れを、簡単で結構ですので是非教えてください。」といった聞き方をすれば、相手により有益な情報を提供するためであることが伝わり、抵抗感なく教えてくれる可能性があります。

(2) 購買に関与している部署の聞き出し方

決済の流れと同時に、自社の商品やサービスの関与者を探ることも大切です。業種や企業によって異なりますが、主なものは次の通りです。

① 購買部署
② 品質管理部署
③ 生産部署
④ 営業部署

① 購買部署

商品や資材、原材料などを購買する際に直接窓口となる部署です。メーカーでは購買部や資材部と名前がついていることが多くなっています。卸や小売チェーンなどでは商品部などバイヤーという購買担当者がいるところです。実際に商品やサービスを扱う部署の要望を考慮して購買を決めますが、購買価格を非常に重視しています。

② 品質管理部署

仕入れる商品や材料の品質をチェックしている部署です。不良率や含有物などを調べて一定の範囲内に留めようとするところです。不良率、技術的な信頼度、含有物、原産地などに加えて、規格書など書類作成の効率化などを重視しています。

ポイント

食品のメーカーなどでは規格書というものがあります。品質管理部署が、納入する原材料に含有している添加物などを一覧にして、メーカーが取引している流通業者（特に大手小売業者）などに提出する書類です。仕入れる品物や業者が変わると規格書も変更して提出することが求められるので、なるべく仕入れ先を変えたくないというニーズがあることを押さえておきましょう。

③ 生産部署

自社の商品を資材として加工したり、設備や備品として使用する部署です。品質もさることながら、作業効率、納期、トラブル時の対応力を重視しています。

④ 営業部署

自社の商品を仕入れて販売してくれる部署です。営業マンがいて、顧客を回って販売する場合や、店舗に陳列して販売する場合などがあります。営業マンや店舗の販売員は、販売に専念したいため、細かい面倒なことに手を取られたくない、難しい商品は扱いたくないと思っています。よって、売りやすさ、手間のかからないもの、納期、トラブル時の対応力を重視しています。

これら関与者を知り、それぞれの要求事項をできる限り把握し、巻き込むようにします。自社の商品やサービスを知ってもらい、一人でも味方につけることができれば今後の営業が有利になるからです。

「仮に弊社の商品を導入いただいた場合、直接ご活用されるのはどちらの部署でしょうか？」

「仮に弊社の商品を前向きにご検討いただいた場合、品質管理や生産、営業の部署などにも時期を見てご説明するべきだと考えますがいかがでしょうか？　またその他にもご説明にあがる部署はあるでしょうか？」

専門的、技術的な話をして、購買部署に「これは直接担当部署と話してもらった方がいいな」と思わせることも有効です。このようにして社内の部署の関連性を聞き出しましょう。

営業や生産の現場が利用部署、品質管理がインフルエンサー（影響力のある人）に該当します。仮説のカタマリ提案書をプレゼンした後、ヒアリングをしてきましたが、それらをまとめるツールとして、次のヒアリングシートを活用すると便利です。

ツール⑮相手の状況を丸裸にする【核心ニーズヒアリングシート】記入例

社名	●×ＤＩＹセンター	日　付	2012.10.20
担当者	購買部　第２課　山田太郎	訪問経緯	既存顧客紹介（紹介者　）**テレアポ**　飛込み

貴社の販売計画	当カテゴリーの販売方針	①ターゲット	●●市に増加しているニューファミリー層
		②戦略商品	上質な衣食住を提案できる機能＋デザイン性を両立するＺ社製品
		③販売手法	「こんな暮らしをしたい」という生活シーンを連想できるような陳列、接客での提案。ＦＳＰによる顧客固定化の推進。
	当カテゴリーの販売目標	①年初目標	50,000千円
		②増率／進捗率	前年比５％増の予算／残り３カ月で進捗率80％の状況
仮説提案書	仮説通りで特筆すべき点		キャンプ等の需要を取り込むのはターゲット層のライフスタイルと合致。取り扱う他のキャンプ用品と関連購買が期待できる可能性あり。
	仮説通りでなかった点		高齢者をターゲットとしていない。
	仮説以外の困りごと		子供に関するニーズを取り込む商品を求めている。オーガニックなどを充実させたい。また危険物質の管理や、ＰＬに問題意識を持っている。子供の安全の目線で商品をラインナップすることを検討している。
貴社の3C分析	貴社の市場の状況		低価格化が進行。一方で特徴のあるものは高くても売れる。いかに豊かさをイメージさせられるかが勝負。
	貴社の競合社の状況		Ａ社が価格で勝負してくる。一方で商品の新規性はない。
	貴社の状況	①強み	比較的所得層の高いファミリー層を獲得している。販売員の提案力が高い。陳列が洗練されているという自負を持つ。デザイン性の高い商品の品揃えも強みと考えている。
		②弱み	品揃えは多い方とは言えない。価格勝負では対抗できない。高価なホームセンターというイメージがある。よって競合がバーゲン等価格競争を仕掛けてくる期間は大幅に売上が落ちる。

自社の競合	メイン取引先について	①メイン企業	Z社
		②メインの理由は何か	創業間もない信用がまだ不足しているころから商品を供給してくれた。先代社長からの申し送りでメインに位置づけるように言われている。
		③年間購買額	30,000千円
		④価格水準	高くもなく安くもなく。平均。
		⑤納品体制（ロットS、リードT、調達間隔）	1ロット50個。リードタイム1週間。調達間隔1か月。
		⑥営業対応	購買部署にはとても親切。気遣いがあってムリを言っても絶対に断らない。売り場からは、「たまには顔を出せ」と不満の声がでることも。
	ライバル社		Z社を含めて3社。Y社は多数のカテゴリーを納入しており、当該カテゴリーでは3番手だが、●×DIYの全体のシェアはトップの模様。
	自社のポジション	①順位	未取引
		②順位を上げる必要要件	ターゲット層にマッチングする商品や提案力。売り場への商品知識の教育。仕切り価格。小ロット対応。
貴社の組織	キーマン、稟議プロセス	①稟議者、決裁者	商品部部長。しかし、山田氏が推すものにはNGを出さない。
		②各プロセスでかかる時間	不明。購買部で話を進めても、品質管理部署の審査が長くかかる模様。
		③キーマンの判断基準	他社と差別化する商品を扱いたい。特に競合A社が扱っていない商品で粗利の高い商品。
	購買に関与する部署とニーズ	①購買部署	商品部→仕入れ原価を低減したい。現状より価格が高くならない商品で、他社にない差別化できる商品を探している。
		②影響者	品質管理部→有害物質を含有しないものを選びたい（カドミウムが○%以下)、PL上の設計がしっかりしているところを選びたい。
		③利用部署	売場責任者や売場担当者→売りやすいもの。アピールポイントがはっきりしているものが欲しい。
	選定基準、予算、時期	①選定基準	センター納品。センターフィーの負担。EDI対応。ロットS50以下。
		②予算	今後の交渉にて
		③時期	今後の交渉にて

(3) 次回の訪問にはキーマンと関与者を巻き込め！

ここまでの取組みにより、理想的な成果を整理すると、次のようになります。

・自社の仮説の提案をもとに、相手の真の困りごとをヒアリングすることができた。
・自社の競合先の情報をヒアリングすることができた。
・決済の流れやキーマンの情報が収集できた。
・関与者の情報が収集できた。

もちろんすべての情報がいっぺんに揃うことはまずないと思います。ここで大切なのは**揃うまで訪問してヒアリングを続けるのではなく、適度に見切りをつけて次のステップに進むことです。**

次のステップは、いよいよ本提案書を作成し相手にぶつけることになります。よって、できるだけ多くの関与者に出席してもらい、自社のプレゼンを聞いてもらうようにします。

「本日お聞きした御社の抱える問題点を整理し、弊社の商品を活用して解決するプランを考えてきます。よって次回は、○○様（キーマン）、関連部署の方にご同席いただくとうれしいのですが、いかがでしょうか？」

と申し出て、次回の本提案のステップに進みましょう。

第5章

熱っぽく冷静に、クロージングに向けて行動する

営業ステップ	ポイント	ツール
取引開始		
↑		
見積りを出す		
↑		
取引条件を煮詰める	・社内規則 ・納期，決済条件と合致するか確認	*取引条件チェックシート*
↑		
サンプル・デモ	・現場の意見収集 ・味方をつくる	*サンプル・デモ承諾書* *ヒアリグシート*
↑		
再度提案する	・現場レベルの課題 ・経営レベルの課題 ・組織，キーマン，予算，選定基準をとらえる	*提案書*

1 相手の困りごとに合わせた本提案書を、再度提出する

再度提案する

(1) 困りごとを自社の商品やサービスで解決するのだ! という強い思い

前回の提案書は、仮説に基づいてつくったものでした。今回作成するのは、相手へのヒアリングを経て情報収集した、実際の困りごとに対する解決策のご提案です。相手の困りごとを自社の商品やサービスで解決する提案がしっかりとできれば、取引開始に大きく前進できます。よって少し時間をかけてじっくり提案書をつくりましょう。その時には、購買担当者だけでなく、キーマンや関連部署のニーズ、評価基準を意識してつくることは言うまでもありません。

概算で構わないので料金も記述します。相手がいくら提案内容が良いと感じてくれても、料金が不明なら前に進めようとしません。この時点で料金を出すことに躊躇してしまうこともあるでしょうが、ある程度の幅を持たせた形でも構いませんので、料金に関する情報を是非入れてください。条件が未定の時点では金額が出せないと考えるかもしれませんが、その場合は前提条件をつけて、「このような場合はだいたい○○円の金額になります」で大丈夫です。

提案書の中身は、仮説に基づいた提案書をベースに必要事項を加え、不要な事項を削除するなどし

て作り替えます。しかし、立てた仮説から大幅に変更しなければならない場合は、提案ロジックからのやり直しということになります。

また、出席者のために比較的詳細な提案書をつくることはもちろんのこと、キーマンや経営者に対して一目でわかるようなA4判で1枚程度のサマリーや要約版をつくっておくといいでしょう。稟議段階で厚くて細かい資料では、相手が読む気にならない場合があり、短くまとめたものの方が重宝されることが多いからです。「提案の概要」の部分を活用すれば、それほど手間はかかりません。

(2) 出席者の確認でアピールポイントを研ぎ澄ませ!

プレゼンの数日前に、次回の出席者を確認することをお勧めします。繰り返しますが、一つの商品の購買でも複数の関与者がいます。それぞれの関与者はそれぞれの立場で購買するものを評価します。プレゼンはできるだけ多くの出席者に納得してもらうことが重要であり、出席メンバーの状況に応じて絶対アピールしなければならないポイント、さらっと流してしまってもいいポイントを押さえておきましょう。

例えば、品質管理の担当者が出席するのに、自社の検査体制や保証契約の部分が抜けてしまっていては、頼りない印象を与えてしまいます。また売場の責任者にとっては、発注から納品までのリードタイムが高い関心事となります。

事前に出席者の確認ができれば、あらかじめ関心事を考慮したプレゼンの準備ができるわけです。打ち合わせの2～3日前にメールや電話で担当者に聞いてみましょう。

「最終的な確認ですが、次回の打ち合わせの出席者は、購買部の鈴木部長、山本課長、品質管理部の川上様、営業部の橋本課長の4名でよろしいでしょうか。それとも他に出席する方はいらっしゃいますか？　資料の部数を用意する都合がありますので、教えていただけると助かるのですが」

といった具合です。

(3)「貴社の問題を私が解決します！」という思いを込めたプレゼン

さあいよいよ本提案書のプレゼンです。ここでは熱い気持ちで「貴社のお役に立ちたいのだ！」ということをただただアピールします。出席者の立場を考慮しながら、それぞれの評価ポイントを意識してプレゼンします。**パワーポイントの小手先のテックニックよりも、大切なのは「あなたの会社のことを真剣に考えてきました」という気持ちです。**一通りプレゼンが終わったら、自社の商品やサービスを扱ったり、利用したりしているイメージを投げかけましょう。例えば、前述したコンパクト調理器具で見てみると、

「仮にこのコンパクトジューサーを導入いたしますと、健康志向のご高齢者が売場で手に取り、軽さやコンパクトな形状を確認されると思います。店内のデモ販売で、その場でつくった野菜ジュースな

どを提供することができれば、毎日手軽に野菜が摂取できるし、お手入れや収納も簡単だから1台あると便利だなと感じてくれるはずです。この年齢層はもったいない志向の方も多いですから、前日の夕飯で半端となった野菜を、翌朝ジュースにしておいしく召し上がりましょう、といった提案もいいと考えますが…」

といった具合です。

(4) 相手の疑問は根こそぎ断ち切る

提案書のプレゼンを終えて、相手が疑問点や具体的な内容を聞いてきたら大きな前進です。一つひとつ丁寧に聞き取り、その場で答えられるものは答えましょう。どうしても答えられないことについては曖昧な対応をせず、持ち帰って後日回答するようにします。**この段階は仮説に基づく提案ではなく、相手の本当の困りごとに焦点を置いた提案の場であり、そこから出てきた質問はとても重いものです。即答よりも調べた上での正確な回答が望まれており、その方が信頼感を勝ち取れます。**また、発せられた質問は同業種の他社を開拓する上で非常に参考になるものであり、今後に生かすためにもデータを残して共有化することが必要です。

疑問点が何も出ない場合には、本当に理解してもらっているかの確認も必要です。

「何か疑問な点はございますか?」

と問いかけることはもちろん、ポイントをかいつまんで再度説明し、理解度を確認することも有効です。

「**ここまでの解決策の大きな方向性はよろしいですか?**」

この問いかけはとても重要です。ここで合意ができれば、大枠は納得してくれたと考えられ、後は手段や方法論をどうしていくかという、各論の合意に目的を変更すればいいわけです。

(5) 商品・サービスの選定基準、予算、時期の聞き方

① 商品・サービスの選定基準

今までも、何度か選定基準を聞くことを試みていますが、ここでは担当者レベルではなく、会社としての選定基準を再度整理してみましょう。どのようなニーズを充足するために提案を聞いてくれているのか、関連部署によって何が最も優先されるのか、などを把握することが必要です。今まで聞いた内容を整理して、モレがないかも同時に確かめます。

「**御社の商品選定に対する要素は、購買価格が基準を満たしていること、3日以内の調達リードタイム、注文ロットサイズが初回が50個で2回目以降が5個、センター納品などがあると考えますがいかがですか? 他にもあるでしょうか?**」

そして、何を優先するかを確認します。

「それらすべてを満たすことはなかなか難しいと考えます。その中で優先される事項を挙げるとしたら、何と何になりますでしょうか？」

② 予算（希望価格）

なかなか聞くのが難しい部分です。しかし、予算を知らずに見積書を提出したら無駄な努力となってしまう可能性があるので、さりげなく聞きたいところです。本来は詳しい予算額を知りたいのですが、相手は手の内を見せたくないでしょうから、せめて金額の桁数を把握するくらいのことはしましょう。

「今までの商品は、どれくらいのコストをかけてきたのでしょうか？」

「現在導入されている商品は××円位だと思いますが、もしご購入されるとしたら同水準でしょうか、それとももう少し上をご希望されますか？」

「現在の商品は、だいたい売価の何掛けで仕入れられているのですか？」

「このような商品では、粗利益率をどれくらいで設定されていますか？」

③ 時期

相手が単なる情報収集として提案を聞いているのか、それとも、良いものなら買う気があるのかを判断する上で、導入時期を聞くことは非常に有効です。しかしながら、相手が詳しく教えてはくれないでしょう。

そもそも、具体的な購買について、まだ何も考えていないかもしれません。その時は、仮の話で構わないので、おおよその時期を聞いて、購買に向けた意識づけを促すことが有効です。

「仮に弊社の商品を導入するとしたら、いつごろにしようとお考えですか？」

2 戦略的にサンプルやデモを実施する

サンプル・デモ

(1) 相手にさらに深く入り込む

提案書に関するやりとりが一通り終わったら、提供する商品やサービスにもよりますが、サンプルの提供や、デモンストレーション（デモと略します）の実施を提案しましょう。**サンプルやデモは相手にとっては懐が全く痛みませんし、使用感を理由に断ることもできるので、すんなりと聞き入れてくれるはずです。**さらに、サンプルやデモとは言え、一度利用してしまえば自社に対する心理的な障壁が下がり、親近感を持ってくれるようになります。実際、相手との距離感が一気に縮まり、フランクに話してくれるようになったというケースは意外なほど多いのです。

サンプルやデモの機会を取り付けたら、事前に相手から「サンプル（デモ）の提供を承諾します」

という書面をもらうようにしましょう。153頁にある**【サンプル／デモ承諾書】**を御覧ください。この書類をもらう理由は四つ。一つ目は、手続きがしっかりしている会社だなと思わせること、二つ目は、ずいぶん負担を強いているのだな、それだけ一生懸命なのだなということを気づかせること、三つ目は、手続きに組み入れることにより取引の流れから簡単に抜け出せないようにすること、四つ目は、関与している部署を再確認すること、です。

自社にとって、サンプルやデモは受注が得られなければ無駄となるコストです。それらのコストを、しっかりと管理している真面目な会社であることを、書面作成により相手に感じてもらいます。

「誠にお手数ですが社内の手続き上、この書類に課長様の認印をいただけますでしょうか。あくまで形式的なものですが、弊社のサンプル提供を承諾するという内容になっています。昨今コスト管理が非常に厳しくなっておりまして、サンプルをご提供する場合は弊社の管理部署に届け出ることになっております。こちらからのご提案にもかかわらずご面倒をおかけします」

これにより、「この営業マンはコスト管理が厳しい中、うちのために頑張ろうとしているのだな、真剣にうちと取引したいと考えているのだな」と相手に思ってもらい、熱意や誠意を感じてもらいます。また、形式的なものとはいえ自社の手続きを相手に受け入れさせることは、会社対会社の関係を意識づけることができます。さらに、印を押して書面を提出したことにより、自分の行動を正当化したいという心理が働き、しなかった時に比べて取引までのプロセスがスムーズとなります。

加えてサンプルやデモを行う部署を聞くことで、購買に関与する部署を大手を振って聞くことができます。次の【サンプル／デモ承諾書】は、製造業のお客様に対して、自社の部品サンプルを提供する時のものです。生産する部署や品質管理の部署が関与することがわかります。

これまでのプロセスで何度か試みているはずですが、どこにどれだけサンプルを出すのか、どこでデモを行うのかをあらためて聞くことができ、影響者や利用者など関与部署を再確認することが可能となります。

ツール⑯相手の背中を押す【サンプル／デモ提供承諾書】

平成25年11月2日

自社宛

○○株式会社

営業部長　　鈴木太郎　宛

相手社の承諾

株式会社[redacted]

購買部第１課課長　　山田

サンプル提供承諾の件

○○株式会社より依頼された下記のサンプルの提供を承諾します。

1．サンプルと数量

名　称	番　号	数量	備　　考
部品A	E－１１１１	２０	生産１課に10，品質管理課に10
部品B	E－２２２２	４０	生産2課に30，品質管理課に10
部品C	E－３３３３	３０	生産1課，2課，品質管理課に各10

2．提供希望日

平成25年11月10日

3．納品場所

株式会社[redacted]東京工場資材倉庫

4．納品方法

○○株式会社が指定場所に一括納品

(2) 関係部署を味方につけるために活用する

サンプルやデモを行う際は、なるべく多くの人を巻き込みましょう。購買の担当部署はもちろんですが、利用部署の人たちとコミュニケーションを取る絶好のチャンスであり、この人たちを味方につけることができれば、今後の商談が非常にスムーズに運びます。実施前の説明、実施中の状況確認、実施後の評価の聞き取りと、少なくとも3回はコンタクトを取る機会があるので、困りごとや要望事項を丁寧に聞き取りつつ、可能な限り相手の組織の情報を聞き出しましょう。

現在取引しているライバル社も、利用部署の従業員一人ひとりにまで接触することはほとんどないはずです。利用者を自社のファンにすることができれば、大きな前進です。

品質管理部署など、影響者に接点を持つ機会も生まれます。どのような点を重視しているのか、評価基準は何かなどをダイレクトに聞ける絶好のチャンスなので、これを生かさない手はありません。困りごとや社内の力関係の情報など、有効な情報を収集することができれば、今後の商談を進めやすくなります。

サンプルやデモに関するヒアリングシートを156頁に記述したので、参考にして下さい（このケースは利用者である製造部署のヒアリングであり、「販売現場のわかりやすさ売りやすさ」や「事務作業のやりやすさ」は未記入です。当然その該当部署にヒアリングした場合は記入することになります）。

(3) 競合者の弱点を洗い出せ！

デモを行ったりサンプルを提供したりした時は、当然のことながら競合社の商品・サービスとの比較について、利用部署から感想を聞き出しましょう。既に購買担当者から聞いているかもしれませんが、利用部署は全く違った印象を持っていることも少なくありません。担当者に聞いた時と同じように、Q（品質）C（仕入れ価格）D（納期）、S（サービス、対応力）の視点を持って、それとなく尋ねてみます。

「現在ご利用の商品と比べて使用感はいかがですか？」

「現在ご利用の商品は、納期やロットサイズについて丁寧にご対応されていると思いますが、それ以上のご要望があれば教えていただけますか？　今後の参考としたいので」

「現在ご利用の事業者様の対応はとても丁寧と考えますが、さらにご要望があれば教えていただけますか？　今後の参考としたいので」

など、ライバル企業をとりあえず褒め、その上でご要望を聞くなどのテクニックが有効です。

「○○社の営業担当者はうちの××部長の顔色ばっかりうかがって、実際に使う自分たちの意見を聞こうとしないし、現場に立ち寄ったことなんか一度もないよ…」といった具合に、購買担当者からは話してもらえなかった本音が、利用部署からポロッと出てくるかもしれません。

ツール⑰関係者を味方につける【サンプル／デモ評価ヒアリングシート】

サンプル評価ヒアリングシート

ご回答者	生産1 課	田中 一郎 様

品 質	□大満足 ☑満足 □普通 □やや不満 □不満	バラツキが少なく、平均より上と感じる。耐久性も高いので、機械をストップして交換する回数が少なくなりそう。
価 格	□大満足 □満足 □普通 ☑やや不満 □不満	価格が２割高いので、原価計画に響いてしまう。
製造現場 扱いやすさ	☑大満足 □満足 □普通 □やや不満 □不満	機械に装着しやすい設計となっており、非常に便利。装着時間が半分になりそう。
販売現場 わかりやすさ 売りやすさ	□大満足 □満足 □普通 □やや不満 □不満	
事務作業の やりやすさ	□大満足 □満足 □普通 □やや不満 □不満	
弊社の対応力	□大満足 ☑満足 □普通 □やや不満 □不満	いろいろ教えてくれて親切。対応も早いので、信頼できそうと感じている。電話に出る女性事務の人の対応も良い。
既存のもの、他社のものとの比較	□大満足 □満足 ☑普通 □やや不満 □不満	機能面、品質面などは良いが、価格が高い。全体のコストパフォーマンスでは、既存社のものとあまり変わらない。
今後弊社の商品やサービス弊社自体に望むこと	価格差が１割くらいまで縮小できないと、取り扱うのが難しい。	
その他		

(3) 評価は真摯に受け止めて改善策を誠実に示せ！

アンケートを取ったりヒアリングしたりして、利用部署の感想や意見を収集し、購買部署の担当やキーマンに報告します。その時は自社の有利な情報だけを記述するのではなく、マイナスに評価された面もしっかりと示します。当然のことですが、自社がそのマイナス評価にどのように対応するのかという改善案も同時に示してください。こうした真摯な態度が相手との信頼関係を構築します。また、利用部署の現状に対する不満や要望も伝えましょう。購買部署やキーマンは意外と現場の実態を知らないものであり、とても喜ばれる情報になり得ます。

その際は、現状利用しているライバル会社の悪口にならないように注意することが必要です。悪口ととられると自社の印象が悪くなりますし、売らんがための押しのセールスに見えてしまう可能性があるからです。

さらに、利用部署に、まとめた感想や意見を伝える機会を持たせてもらいましょう。「自分たちの意見をしっかりと受け止めてもらっているな…」と感じてもらえば、利用部署との信頼関係をさらに深めることができます。

このようにデモやサンプルの提供を通じて、商品やサービスの使用感、自社の対応力などを相手に知ってもらいます。結果、相手の不安感を排除して信頼関係を構築し、取引に向けた大きなステップを踏むことができます。

3 決まるお見積りを出すために

(1) 取引条件の細部を煮詰める

取引条件を煮詰める

いよいよ正式な見積りを出す準備にかかります。ここまでの営業活動で、提案書を通して自社の商品やサービスが相手にメリットを提供できることを示し、デモやサンプルによってその期待が高まっているはずです。相手が何らかの興味を抱いてくれているなら、正式な金額を聞きたいと思っているに違いありません。使用頻度、発注頻度、発注ロット、リードタイム、納入場所など、見積りを出す上で必要な事項をしっかりと相手から聞き出します。

もし、相手がそれらの情報を明らかにすべきかを迷っているなら、

「ここまで、弊社もできるだけの情報をご提供させていただきました。しかし本当に御社にとって費用対効果があるかないかは、やはり正確な料金の情報がないと判断できないと考えます。よって御社にとって価値ある取引かどうかを確認する上で、正式なお見積りをご提出させていただきたいのですが、いかがでしょうか？　正確な見積もりを出す上で、次の点をお聞かせいただきたいのですが…」

と、あくまで相手の立場に立った説得をします。この時は、現状の納入条件と期待する納入条件を分けて聞き出しましょう。現状の納入条件を問うことにより、さりげなく既存の納入企業の取引内容を

聞き出すことができますし、抱いている不満をあぶり出せる可能性があります。あらかじめ聞かなければならない事項をリストにしておくと便利です。次頁の表を参考にリストづくりをしてみて下さい。

ツール⑱決定率の高い見積りをつくる【取引条件チェックシート】

項　目	確　認　事　項
商品について	□　商品名を確認したか □　商品番号を確認したか □　１回の数量を確認したか □　年間の予定数量を確認したか □　カスタマイズ等について確認したか
納品について	□　納期を確認したか □　梱包状態を確認したか □　納期場所を確認したか □　送料について確認したか
請求について	□　請求時期について確認したか □　相手の支払時期（サイト）について確認したか
その他	□　返品条件を確認したか □　必要書類を確認したか（規格書、成分表など） □　センターフィーについて確認したか □　２回目以降の取引条件について確認したか
社内への確認について	□　生産計画について確認したか（納期は大丈夫か） □　在庫数量について確認したか □　支払い条件等について経理部署に報告したか □　社内規則やルールとの違いはないか確認したか

特記事項

見積りを出す

(2) 見積りは3パターン用意する

見積りは3パターンつくります。一つだけだと、「採用するか、採用しないか」という○か×かの判断になってしまうからです。一方で3パターン用意すると、「どのパターンが自社にとって一番メリットがあるだろうか」と比較して選択するという意識を持たせることができます。

2パターンではダメなのかというご質問を受けそうですが、「二つのうちどちらが…」より、「三つのうちどれが…」の方が選択肢が適度にあって効果的と言えます。また、日本人は中間を好むので、一番採用して欲しいものを、中間の価格にするというテクニックも活用できます。

これにより、購買の可能性を高めることができます。さあ、自信を持って見積りを出しましょう。

(3) 決断を渋る九つの理由と対処法

見積りを提出しても、なかなか相手が「うん」と言ってくれなかったら。その理由は何でしょうか。様々なことが考えられますが、主に次のように分類できるはずです。

①必要性をあまり感じていない
②提案の内容を今一歩理解できていない
③金額的に無理がある
④時期のずれがある
⑤不安があり決断できないでいる
⑥既存社（ライバル）のものと比較して劣っているところがある
⑦既存社（ライバル）を優先せざるを得ない
⑧社内で反対している人がいる
⑨その他、原因が特定できない

①必要性をあまり感じていない

現状において自社の商品やサービスを必要としていない場合は、これ以上営業活動を進めても意味がないと言えます。とはいえ、相手が提案内容を表面的にしか理解しておらず、必要なしと判断している場合もあるため、提案のポイントを示してもう一度確認してもらいましょう。それでもダメなら、撤退が賢明でしょう。

また、見積り提出のステップまで進んだ相手ですから、撤退後も機会を見つけてコンタクトを取り続けましょう。採用がダメとわかった時に態度が急変し、相手を罵倒するようにして去って行く営業マンが稀にいますが、引き際における最悪の行動です。将来、自社の必要性を感じてくれた時にビジネスチャンスが巡ってくるかもしれないのに、それをみすみす損失させているようなものです。

② 提案の内容を今一歩理解できていない

提案のポイントをもう一度示して確認してもらいましょう。もしかしたら、こちらの提案のやり方が悪いのかもしれません。内容を一つひとつ再確認したり、ポイントをまとめた書面をつくったりして、相手の理解を促進させる工夫をしてみましょう。

③ 金額的に無理がある

安易な値引きはしたくありません。一度値を下げてしまうと、元に戻すのは困難ですし、値引きに容易に応じてくれる会社と評価されてしまいます。また、すぐに値引き要請に応じてしまうと、「これまで随分とふっかけていたんだな」と今までの提案や見積りを疑われることも考えられます。**値引きは、値上げの時よりも明確な理由づけが必要であると理解してください。**

まずは次のように、表面上の金額以外で相手にメリットが提供できないかを考えてみましょう。

相手：「他社はこれと類似した商品をもっと安価で提案してきている。お宅はちょっと高いんじゃないの？」

自分：「ごもっともなご意見だと思います。一方で自社の商品は高齢者や小さなお子さんでも安心して操作できるところに特長があり、価格だけでは比較できないところがあります。また、小ロット短納期での対応が可能なため、在庫維持コストを削減できるだけでなく、在庫そのものを減らすことができます。よって、キャッシュフローに余裕が持てるという効果もあります」

どうしても相手を納得させられない場合は、優先順位の低い要素を見直すことで価格を下げられないかを協議します。付属のオプションをつけないとか、発注ロットサイズを少し大きくしてもらうとか、年間の最低注文数量を約束してもらって単価を下げるなど、いろいろと方法はあるはずです。

④ 時期のずれがある

商品は気に入ってくれているが購買を急いでいないという場合は、先送りするより今導入した方がメリットがあることをアピールします。

「早期に導入いただければ、それだけ早く御社の顧客にご満足いただくことができ、他社と差別化が図れると思われますが」

「売上向上の効果を早く獲得できるはずです」

「一刻も早く導入し生産を効率化できれば、コスト削減効果をそれだけ早く受けることが可能になります」

「今なら弊社にも余裕がありますので、導入の際のサポートや社員様の教育などを、通常よりもきめ

細かく行うことが可能です」

「今なら在庫があるので、来月には納品が可能です」

などです。

相手から「時期が来れば買うからあわてなくても大丈夫だよ」と言われて安心していたところ、途中で状況が変わり、結局白紙状態になるという例は非常に多いものです。白紙になるならまだ良い方で、既存取引先やライバル社が情報を嗅ぎ付け、役員などに取り入ってトンビに油揚げをさらわれることもよくあるパターンです。よって、相手が「買いたいな」と思っているうちにしっかりと販売することが大切です。

しかし、法人は年度別に予算を持っているため、商品は気に入ってくれても年度内はどうしても無理ということがあります。そのような場合は、確実に来年度の予算取りをしてもらうことが必要なので、予算の資料づくりの協力を申し出るなどして、来期は間違いなく購買してもらうようにします。

⑤　不安があり決断できないでいる

購買担当の一番の気がかりは、既存のものを変えて失敗することです。よって、よっぽど不満がない限り取引を変えたくないと思っています。これを乗り越えるためには、

（ア）　商品やサービスそのものが信頼の置けるものであることをアピールする

（イ）何かあった場合の自社のサポート体制がしっかりとしていることをアピールする
（ウ）とりあえず少量から取引を始め、相手がリスクと考えることを小さくしてあげる

といったことが考えられます。

相手：「商品は中国の工場でつくっているから、不良のリスクが国産のものより大きいのでは？」
（ア）商品やサービスそのものが信頼の置けるものであることをアピールする
自分：「**ポイントをとらえた鋭いご質問です。確かに製造は中国の工場ですが、弊社では国内の倉庫で全品検査を行った上で出荷することにしています。よって出荷後の不良率は0・1％以下となっております**」

相手：「今までの購買先は何かあった時にすぐ来てくれたけど、お宅は大丈夫なの？」
（イ）何かあった場合の自社のサポート体制がしっかりとしていることをアピールする
自分：「**一番気にかかるところだと思います。でもご安心ください。弊社は営業サポート係がおりますし、私ども営業担当に24時間連絡が入る体制ができております。私も担当地区は都内だけですから、何かあればすぐに駆けつけることができます**」

相手：「お宅の言うことを信用しないわけではないけれど、やはり不安はぬぐえないな。本当に大丈
（ウ）とりあえず少量から取引を始める

夫なのかを証明できる?」

自分:「確かに初めての取引なのでご心配なのはよくわかります。では、試験的にお取引をさせていただけますか。まずは、初回に20セットだけご購入いただき、実績を見ていただいた上で本格的なお取引をお願いいたします」

⑥ 既存社(ライバル)のものと比較して劣っているところがある

どこが劣っていると思っているのかを明らかにする必要があります。それが誤解であれば丁寧に説明し誤解を解くようにしましょう。劣っている点が事実なら、まず素直にそれを認め、自社の方が優れている点をアピールしましょう。既存の商品と比較するような場合、相手は優れている点より劣っている点に着目してしまうものです。また、商品自体で勝てなくても、付随するサービスや対応力でそれ以上のメリットを提供できればいいのです。相手が自社と既存社を比較して、総合的に判断してくれれば勝てる可能性は十分あります。

⑦ 既存社(ライバル)を優先せざるを得ない

優先せざるを得ない理由を聞き出しましょう。考えられる理由はいろいろとありますが、「相手の商品やサービスをライバルが購買してくれている(ライバルが相手のお客さんでもある)」、「資本的なつながりがある」、「経営者や役員と深いつながりがある」、「親族が経営している先である」などがあります。これらの理由であれば、乗り越えるのはかなり厳しく時間がかかります。その時は初心に返り、自社と取引することのメリットを再度訴えましょう。以前に比べると、資本や人的つながりより、経営にメリットがあることを優先する風潮になってきています。また、少量の取引から始めることを提案するのも有効でしょう。

⑧ 社内で反対している人がいる

誰が反対しているのか、どのような理由で反対しているのかを明らかにすることから始めます。品質管理部署が自社の品質を疑っている、生産部署が手順を変えるのを嫌がっているなど、反対者と理由が特定できたら、購買担当者にことわりを入れて直接出向き、自社と取引することのメリットを説明しましょう。

⑨ その他、原因が特定できない

相手が理由を明らかにせず「今はまだいいよ」、「もう少し後で考えさせてよ」と言っている場合は、上記①〜⑧のどれかを探る必要がありますが、それでもわからない場合は、

「もしご採用いただくとしたら、いつごろになりますか？」

「もしご採用いただくとしたら、三つのお見積もりのうち、どのプランになりますか？」

「今後のお話を進める上でどのようなステップが必要となりますか？」

「さらにご検討するということであれば、弊社が作成するべき資料などはありますか？」

と問いかけてみましょう。何らかの反応があり、もう少し理由を特定できるかもしれません。

以上でもなかなか相手が首を縦に振ってくれない場合は、取って置きの手段があります。それは、**相手の顧客から購買を勧めてもらうというものです**。例えば、相手が商品をドラッグストアに卸しているような場合、自社がドラッグストアに出向いて商品の良さを理解してもらい、ドラッグストア側から購買するよう依頼してもらうのです。もちろんこのような取り組みができるケースは稀でしょうが、自社と相手という二つのプレイヤーで考えるだけでなく、他のプレイヤーを含めて思考するなど、視点を変えてアプローチすることが時には必要だと理解してください。

営業は足で稼ぐといわれた時代はもう終わっています。走りながら考える営業こそが時代が求めている姿です。

取引開始

4 さあ、いよいよ取引の開始だ！

(1) アフターメンテナンスなど再度確認して信頼感を増す

さあ、めでたく取引が決まりました。販売した時点で手のひらを返すように態度が変わってしまう営業マンがいますが、ゴールはあくまで自社の商品やサービスをたくさん販売することです。取引開始はその手段にすぎず、今後は相手との信頼関係を構築し、継続的に購買してもらい、自社のシェアを高めてもらうことが必要です。

取引が決まったら、次のことを再度確認しましょう。

① 商品・サービスの提供までのスケジュールや段取り
② アフターメンテナンス
③ 緊急時の対応体制

① 商品・サービスの提供までのスケジュールや段取り

相手の業務フローなどが何も変わらなければ心配はいりませんが、変更が生じる場合は注意が必要です。これまで何度か確認したとしても、相手は細かく理解していないことがほとんどです。「言った」、「言わない」でトラブルが起きたとしても勝ち目のない喧嘩ですし、こちらに落ち度がなくても取引を切られてしまうかもしれません。再度念押しをしておきましょう。特に、利用部署の人たちから、トラブルやクレームが発生しやすいので、あらためて説明する機会を持ちたいと申し出ましょう。

② アフターメンテナンス

お互いが業務の流れを正確に把握していても、導入時期はトラブルが発生する可能性が高いものです。少なくとも初回は自分も立ち合うことを相手の担当者に告げましょう。

また、自社の提供した商品やサービスが、当初の目論見通り相手の役に立っているかどうか、差異が出ていれば何が原因かを把握するため、定期的な訪問をあらかじめ決めておきます。問題が小さな芽の状態なら対処もしやすいですし、大きなトラブルに発展する原因を早めにつぶすことができ、相手から安心感を引き出すことができます。

③ 緊急時の対応体制

思いがけないトラブルやクレームはどんなに注意しても起きるものです。しかし、起きた時の対応力こそが、企業や営業マンの資質を決めると言っても過言ではありません。自分たちにはその資質があることを相手に理解してもらい、信頼を勝ち得るために、トラブル時の自社の体制について再度説明します。例えば、次のようなものです。

- トラブル時の連絡先と連絡方法
- その連絡先につながらなかった時の連絡先と連絡方法
- 代替手段の存在（自社在庫の緊急貸出し、提供など）
- 今まであったトラブル事例と対処方法

(2) これで終わりでなく、これからが始まり

これからが本当の取引の始まりです。自社の対応によって、相手の購買金額における自社シェアが高まるのか、しぼむのかが決まります。

相手の困りごとや課題はいつまでも一緒とは限らないので、常にアンテナを高くして情報を収集しましょう。購買部署はもちろんのこと、できるだけ利用部署や影響者にも定期的に訪問し、困りごとを吸い上げておきます。そこから提案ロジックを再度つくって定期的に提案書を提出しましょう。相手の年間計画の策定時に合わせて行うととても効果的です。

こうした取組みを行うことで、自社と相手の絆は強固になり、なくてはならない存在となることができます。自社が信頼できる相手と認識してもらえれば、他の企業を紹介してくれることも期待できます。

巻末付録

18の営業ツール

すぐに使える書き込みシート

ツール①取引に至るまでの行動がわかる【販路開拓プロセスチャート】

相手の心理	営業ステップ	ポイント	ツール
相手の気持ちについて推測されることを記述 ↓	取引開始	自社における各ステップのポイントを記述 ↓	18のツールだけでなく、自社オリジナルのツールも記述 ↓
	↑ 見積りを出す		
	↑ 取引条件を煮詰める		
	↑ サンプル・デモ		
	↑ 再度提案する		
	↑ 本当の困りごとを聞き出す		
	↑ 提案する		
	↑ 訪問し挨拶する		
	↑ アポイントを取る		
	↑ 営業する企業を選定する		
	↑ 提案書を作成する		
	↑ 困りごとの解決策を考える		
	↑ 強みを求める相手を探す		
	自社(製品)の強みを列挙		

ツール②売るべき商品を見出す
【売上高×粗利率マトリックスー戦略商品・サービス検討用】

	売上が多い	売上が少ない
粗利率高い	キャッシュマシーン	工夫商品
粗利率低い	人気商品	廃盤検討商品・＋α商品

ツール③自社のセールスポイントを絞り出す【強み分析シート】

分類	強　み	自社に置き換えると
商品	品揃えの幅（バラエティ）	
	品揃えの深さ（専門性）	
	製品の機能	
	品質の高さ	
	デザイン	
	大きさ	
	包装	
	廃棄のしやすさ	
	価　格	
	安全性	
	知的財産（特許、商標）	
	セット化	
接客	傾聴する	
	共感する	
	アドバイスする	
	情報を聞き出す	
生産	特殊製法・特殊技術がある	
	小ロット対応	
	短納期対応（リードタイム）	
	中間加工	
	歩留まりがいい	
配送	多頻度小口配送	
	カテゴリー納品	
	期日指定・時間指定	

分類	強　み	自社に置き換えると
経営サポート	品揃え・メニュー提案	
	在庫管理（回転率改善）支援	
	商品の詳細（物語性）提案	
	受発注管理支援	
	新製品情報提供	
	業界情報提供	
	競合先情報提供	
	作業効率向上の提案	
	売場提案	
	販売促進提案	
	人材教育提案	
	人材紹介	
	取引先紹介	
	ビフォアサービス	
	アフターサービス	
	コスト低減提案	
その他	営業時間	
	調達先の優秀さ	
	販路の優秀さ	
	ネームバリュー	
	社　歴	
	取引先・顧客の組織化	
	同業種・異業種のネットワーク	
	ＨＰ、ブログ、ツイッター活用	

ツール④勝負すべき市場をあぶり出す
【売上高×粗利率マトリックスー戦略ターゲット検討用】

	売上が多い	売上が少ない
粗利率高い	超優良取引先	工夫取引先
粗利率低い	維持取引先・教育取引先	対応検討取引先

ツール⑤勝負すべき条件を見出す【戦略ターゲット選定シート】

戦略ターゲット候補（業種・業態）	評価項目					合計

ツール⑥提案書をつくる設計図【提案ロジック】

自社商品・サービスの強み、独自力	エンドユーザーのメリット	戦略ターゲットのメリット	経営上のインパクト

ツール⑦本音を聞き出す【仮説のカタマリ提案書】

表　紙 P1	こんなお困りごとはないですか？ P2
提案の概要 P3	自社の商品・サービスの特長 P4
貴社のお客様のメリット P5	貴社のメリット P6
商品のラインナップと価格 P7	導入プロセス／受発注プロセス P8
業績・お客様の声 P9	会社概要 P10

ツール⑧担当者にリーチする【受付突破ファックスDM】

様

《製品名、製品キャッチフレーズ》

製品の特長でアピールしたいこと

《相手のメリット or エンドユーザーのメリットでアピールしたいこと》

経営戦略上のインパクトで特にアピールしたいこと

弊社商品の特長

特長をまとめたもの　その1

■特長
■特長
■特長

特長をまとめたもの　その2

■特長
■特長

写真・絵

貴社が弊社商品を扱うメリット

相手のメリットをまとめたもの　その1

■メリット
■メリット
■メリット

相手のメリットをまとめたもの　その2

■メリット
■メリット

相手のメリットをまとめたもの　その3

■メリット
■メリット

経営戦略上のインパクトを記述

後ほど、ご連絡させていただきます。何卒よろしくお願いいたします。

××株式会社　担当●●
東京都港区新橋1－2－3
TEL：03－1234－5678　FAX：03－1234－5679
e－mail aaa@Bbb.co.jp

××株式会社　検索

ツール⑨取引すべき相手を明確化する【ターゲット企業選定基準シート】

	選定基準	どのように見える？どうすればわかる？
ターゲット企業の状況		
製品・サービス・店舗状況		
競合		
自社の都合		

ツール⑩取引すべき条件を明確化する【ターゲット企業選定評価シート】

具体的ターゲット企業候補	評　価　項　目					合　計

ツール⑪アポイント獲得の確率を飛躍的に高める
【アポイント獲得のプロセス】

アポイント獲得プロセス	目　的	ポイント
アポイントの獲得	プロセスに関して、目的を設定 ↓	プロセスにおける留意点、ポイントを記述 ↓
フォローの電話		
ファックス DM 送信		
初回電話入れ		

ツール⑫経験のない営業マンでも担当者にリーチできる
【テレアポスクリプト初回電話入れ用】

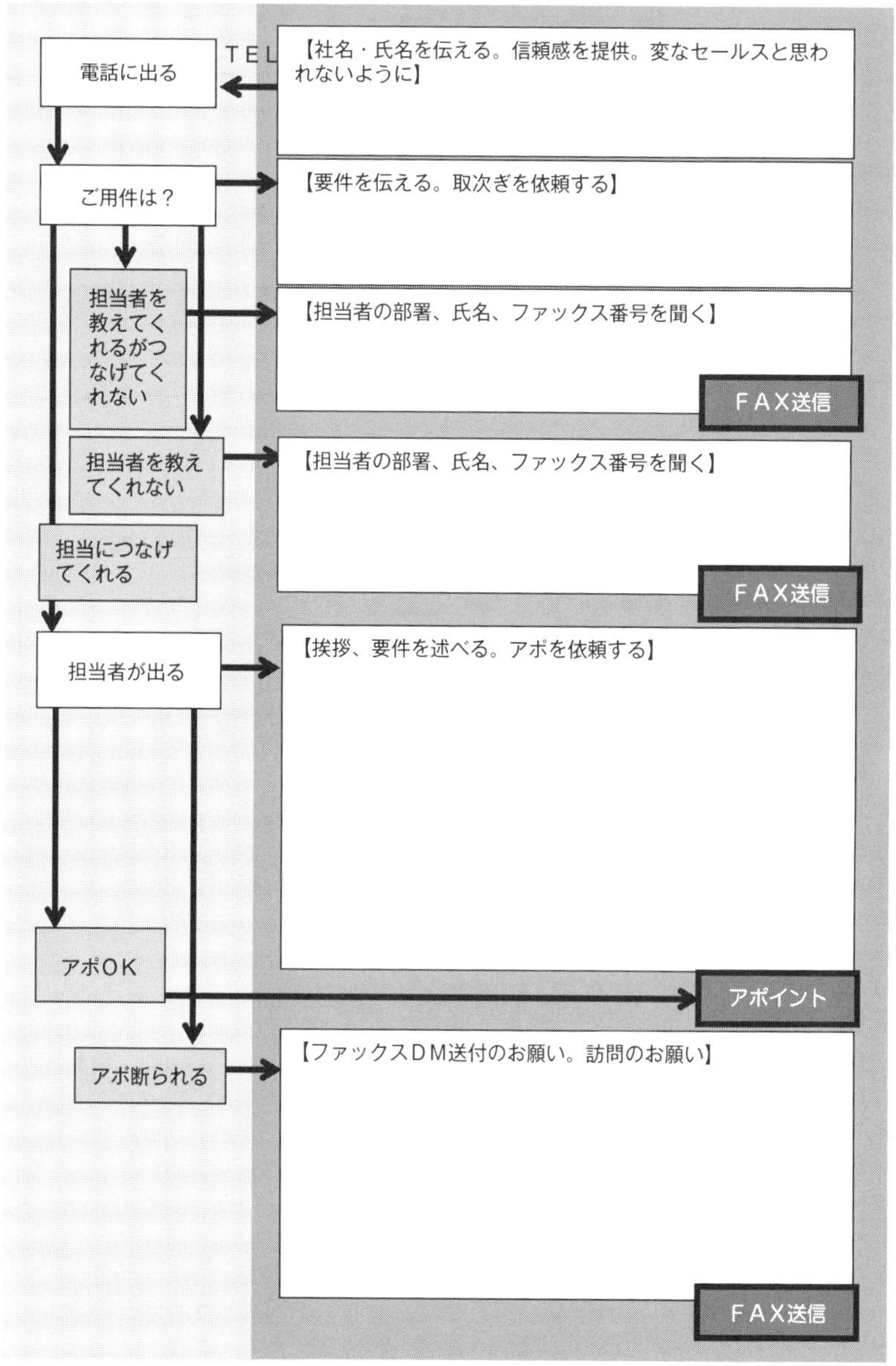

ツール⑬経験のない営業マンでもアポイントが取れる【テレアポスクリプトフォロー電話用】

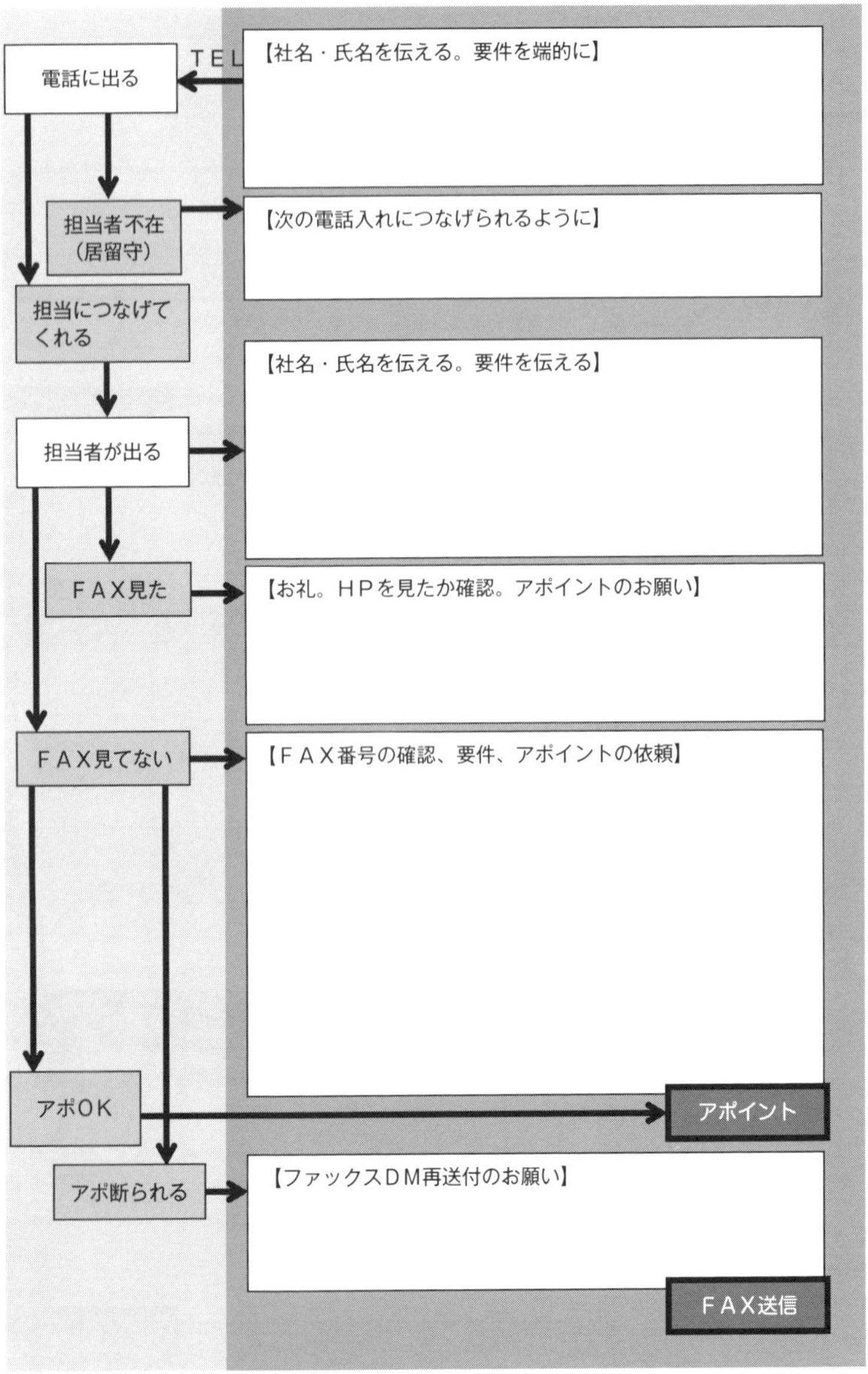

ツール⑭一瞬で相手に入り込める【印象付けパーソナルシート】

写真

名前

部署

一番アピールしたい特長

仕事の信条

自分の性格
趣味
得意なこと
好きな食べ物

仕事において頑張っていること
絶対に負けないこと

〇×株式会社

新宿区新宿1−2−4新宿ビル5F
TEL：03−1234−5678
FAX：03−1234−5679

yamada@●●●●. co.jp　http://www.●●●●.com　〇×株式会社　検索

ツール⑮相手の状況を丸裸にする【核心ニーズヒアリングシート】

社名		日　付	
担当者		訪問経緯	既存顧客 紹介（紹介者　　　） テレアポ　飛込み

貴社の販売計画	当カテゴリーの販売方針	①ターゲット	
		②戦略商品	
		③販売手法	
	当カテゴリーの販売目標	①年初目標	
		②増率／進捗率	
仮説提案書	仮説通りで特筆すべき点		
	仮説通りでなかった点		
	仮説以外の困りごと		
貴社の3C分析	貴社の市場の状況		
	貴社の競合社の状況		
	貴社の状況	①強み	
		②弱み	
自社の競合	メイン取引先について	①メイン企業	
		②メインの理由は何か	
		③年間購買額	
		④価格水準	
		⑤納品体制（ロットS、リードT、調達間隔）	
		⑥営業対応	
	ライバル社		
	自社のポジション	①順位	
		②順位を上げる必要要件	
貴社の組織	キーマン、稟議プロセス	①稟議者、決裁者	
		②各プロセスでかかる時間	
		③キーマンの判断基準	
	購買に関与する部署とニーズ	①購買部署	
		②影響者	
		③利用部署	
	選定基準、予算、時期	①選定基準	
		②予算	
		③時期	

ツール⑯相手の背中を押す【サンプル／デモ提供承諾書】

平成　　年　　月　　日

○○株式会社

宛

株式会社■■■■

サンプル提供承諾の件

○○株式会社より依頼された下記のサンプルの提供を承諾します。

1．サンプルと数量

名　称	番　号	数量	備　　考

2．提供希望日

平成　　年　　月　　日

3．納品場所

4．納品方法

ツール⑰関係者を味方につける【サンプル／デモ評価ヒアリングシート】

サンプル評価ヒアリングシート

ご回答者	課	様

品　質	□大満足 □満足 □普通 □やや不満 □不満	
価　格	□大満足 □満足 □普通 □やや不満 □不満	
製造現場 扱いやすさ	□大満足 □満足 □普通 □やや不満 □不満	
販売現場 わかりやすさ 売りやすさ	□大満足 □満足 □普通 □やや不満 □不満	
事務作業の やりやすさ	□大満足 □満足 □普通 □やや不満 □不満	
弊社の対応力	□大満足 □満足 □普通 □やや不満 □不満	
既存のもの、 他社のものと の比較	□大満足 □満足 □普通 □やや不満 □不満	
今後弊社の商 品やサービス 弊社自体に望 むこと		
その他		

ツール⑱決定率の高い見積りをつくる【取引条件チェックシート】

項目	確認事項
商品について	□ 商品名を確認したか □ 商品番号を確認したか □ １回の数量を確認したか □ 年間の予定数量を確認したか □ カスタマイズ等について確認したか
納品について	□ 納期を確認したか □ 梱包状態を確認したか □ 納期場所を確認したか □ 送料について確認したか
請求について	□ 請求時期について確認したか □ 相手の支払時期（サイト）について確認したか
その他	□ 返品条件を確認したか □ 必要書類を確認したか（規格書、成分表など） □ センターフィーについて確認したか □ ２回目以降の取引条件について確認したか
社内への確認について	□ 生産計画について確認したか（納期は大丈夫か） □ 在庫数量について確認したか □ 支払い条件等について経理部署に報告したか □ 社内規則やルールとの違いはないか確認したか

特記事項

著者紹介

東條　裕一（とうじょう　ゆういち）

東京都港区出身。損害保険会社に16年勤務し，中小企業診断士の資格を取得し独立。株式会社エッグス・コンサルティングを設立し，「売れる仕組みづくり」，「売れる営業体制づくり」を中心としたコンサルティングを行っている。近年では「経営のソフト，ノウハウの見える化」をテーマとして，ツールを開発しながら，中小企業を支援している。事業承継センター株式会社の取締役であり，後継者塾の塾頭としても活躍。東京商工会議所のコーディネーターとして，年間延べ100件以上の中小企業の相談にも応じている。2014年10月，中小企業経営診断シンポジウムにおいて論文「サービス業に『再現性』と『創造性』をもたらす科学的メソッド」を発表し，中小企業庁長官賞を受賞。

著者との契約により検印省略

平成25年7月20日　初版第1刷発行
平成27年11月20日　初版第2刷発行

3か月で結果が出る
18の営業ツール

著　者　東　條　裕　一
発行者　大　坪　嘉　春
印刷所　税経印刷株式会社
製本所　株式会社　三森製本所

発行所　〒161-0033　東京都新宿区下落合2丁目5番13号　株式会社　税務経理協会
振　替　00190-2-187408
FAX　(03)3565-3391
電話　(03)3953-3301（編集部）
(03)3953-3325（営業部）
URL　http://www.zeikei.co.jp/
乱丁・落丁の場合は，お取替えいたします。

ISBN978-4-419-05995-8　C3034